U0148978

乾坤叢書①

乾坤詩刊編輯委員會 編

拼貼的版圖

乾坤詩選（一九九七—二〇〇一）

文史哲出版社印行

弁言

乾坤，乃自然界之「佳偶天成」。而作為本刊之刊名，它所象徵的，不但是現代與古典的珠聯璧合，內容更是兼收並蓄，異彩紛呈。《乾坤詩刊》之在藝文界獨樹一幟，備受各方矚目，自有不同於其他一般刊物的特徵。

•

《乾坤》創刊，已逾五年。在這段時間裡，承蒙各位詩壇先進、讀者朋友的愛護支持，得以穩健地不斷求取進步。雖然我們的力量十分有限，但由於全體同仁和衷共濟，一本對詩的熱忱，而願為詩壇略盡綿薄，不僅努力使這份詩刊每期都能如期出刊，並且還克服財務上的困難，舉辦了兩屆「乾坤詩獎」，讓詩壇上的新銳宿將，都有一展身手的機會，也讓讀者欣賞了不少出色的作品。

•

本刊的特色，在於融合我國傳統的古典詩詞與隨時代演變而產生的現代新詩於一爐。讓所謂「新」、「舊」詩同台演出，以促進全體詩人相互交流，彼此觀摩的機會，希望有助於我國詩運的振興。其實，詩，祇要是好詩，不分新舊，都會有人讀。正如前輩詩壇大老鍾鼎文先生為慶祝本刊創刊五週年紀念所撰寫的對聯。其上聯曰：「陽曆年先過，陰曆年後過，陰陽合曆，先後同出一本。」下聯為：「新體詩橫排，舊體詩豎排，新舊連體，橫豎各有千秋。」這一絕妙對聯，不僅是給本刊，也是對詩最貼切的註腳。

•

當然，本刊的特色還不僅止於此。我們為了弘揚詩教，非但顧及各個層面讀者的需要，更體察時代的脈動，開闢了許多屬性不同，而各具特點，且富前瞻性的專欄；其內容之豐贍與多元化，想必為各位讀者有目共睹，在此就不贅述。

茲為紀念本刊創刊五週年，我們根據讀者的反映，把由創刊號起至第二十期止，這五年來所發表的幾千首詩作（不含少年詩與童詩）中，分別選出現代新詩九十四家，古典詩詞三十二家，可說涵蓋了當今老、中、青各世代詩人，也展現了各種不同風格的作品（編排則按齒序，年長者在前）。這些作品的選入，並非完全取決於編輯委員們的偏愛，而是參酌本刊在第八期、第十五期，以及第二十期出刊時所作的讀者意見調查。從先後計共發出數百件（回收約三分之一）的調查表中，統計出獲得讀者欣賞的作品，最高為七票，大多數都是四、五票，最少也有兩、三票（完全未得票，或未獲多數編輯委員之評選者，則不收入）。雖然這種方式，不一定絕對正確，所選作品，也未必是作者最滿意的。我們衹是盡量避免編者個人的主觀好惡，而本著力求客觀審慎的態度來從事。各位讀者對這些作品的欣賞，也許難免會有仁智之見，尚祈不吝賜予批評指教。

•

這是本刊創刊以來獻給讀者的第一本選集（將來如經費許可，希望還會有第二、第三本……陸續問世。當然，更希望各位詩人朋友，今後都能把最好的作品寄來《乾坤》發表，以饗本刊的廣大讀者）。本選集之取名《拼貼的版圖》，旨在表明其中作品之具有多元性、多邊性、多角性。但願能為多方面的讀者所欣賞，將來會拼貼出一片更輝煌的詩空。

乾坤詩刊編輯委員會　謹識

二〇〇二年六月十六日

拼貼的版圖　目錄

輯一　現代新詩

輯二　古典詩詞

附錄　詩人傳略

輯一　現代新詩

祝福新世紀

紀弦

舉起來我的左手為你而祝福。
哦二十一世紀我為你而祝福。

祝福你平安無事！
不再有戰爭，不再有血腥味，
這裏那裏到處都是烤肉和酒香，
人們手牽著手唱世界大同歌，
快快樂樂地跳圓舞；
這裏那裏到處都是
詩朗誦、畫展與音樂會，
而不再有什麼政客與政客之間
很難聽的互相漫罵與抹黑。
啊啊！那多好，多好！多好！
哦！二十一世紀：
受我祝福的新世紀。

舉起來我的左手為你而祝福。
哦二十一世紀我為你而祝福。

為什麼只舉左手而不舉右手呢？
那是因為我的左手充滿了福氣，
而我的右手充滿了天才；
天才只屬於我自己，
是我唯一的財富，
然而福氣卻是可以分給眾人的。

（一九九九年十二月六日初稿於舊金山）

—乾坤十四期

二月之歌(原名〈憶金陵〉)

鍾鼎文

啊啊！這二月，在故國，
　該正是江南草長的時節……
二月的江南，無邊的芳草碧連天，
綠盡了平蕪與堤岸，更綠上鍾山；
惹起了六朝的殘煙，六朝的餘恨，
從臺城浸進，綠遍了古老的金陵——
朱明的城闕，只賸下荒廢的塹堞，
教它怎能抵擋得住這春色的侵凌？
洪楊劫後的樹木，又是一片青青，
零落地雜有幾株紅杏，幾株迎春，
為千萬家池館與門庭，招致春色，
也招來古唐的詩意，南唐的詞情；
朝朝暮暮，風風雨雨，晴晴陰陰，
多少高樓，多少樓頭有著望遠人……

啊啊！這二月，在故國，
　該正是春水萍生的時節……
悠悠的淮水無情，流去南朝金粉，
渟渟的桃葉古渡，留下秦代浮萍；

董小宛、李香君……都渺無蹤影，
在那水面上，那兒有風流的遺痕？
倒是紫背浮萍，做了秦淮的盟主，
憑它無根的命運，隨著春水滋生；
一夜東風，在玉帶上鑲滿了翡翠，
來往的畫舫，也彷佛是車轂轔轔。
河上的笙歌，逗不起河房的綺詠，
河傍的茶肆，洋溢著市儈的喧騰；
只有那白髮的說書人，不聞不問，
敲著紅牙檀板，悠悠地道古談今。

啊啊！這二月，在故國，
該正是陌上柳青的時節：
歷代的多少蠻腰，贏得樽前歌唱，
到頭來，輸於那玄武湖畔的垂楊；
那拂堤的柔條，又在東風裡曼舞，
千種的嫵媚，更披上嫩綠與鵝黃，
襯起碧瓦與朱欄的、可憐的旖旎，
掩去蘆洲與葦岸的、多恨的滄涼。

慢說是紅蓮，連荷錢也深藏地下，
澄清的湖面上搖蕩著明淨的水光；
映下了蔣山的山色，石城的城影，
明鏡裡美人的雲髻，英雄的戎裝。
更有那一葉扁舟，載著漁歌歸去，
翩翩的雙槳，從煙波上盪進夕陽……

啊啊！這二月，在故國，
該正是細雨賣花的時節……

細雨濛濛，春夢般地暗籠著深巷，
家家戶戶，在春夢裡緊閉著門窗；
偏有賣花聲，劃破了清晨的寧靜，
不問人夢醒後的惆悵，飛過高牆。
當年的烏衣巷，車水馬龍的盛況，
如今是冷落而又窄狹，如像羊腸；
王家謝家，那蓋世的豪華與威望，
不也只落得賣花聲裡的春夢一場？
誰去算一千五百年來的風月舊賬？
誰去管六朝與五代的世系的滄桑？

去年今年，白蘭的芬芳都是一樣，
今年的賣花人，誰是去年的女郎？

　　啊啊！這二月，在故國，
　　該正是燕子歸來的時節⋮⋮
海外的燕子歸來，飛遍江南江北，
記取了燕子磯，記取了石頭城郭；
更在恍惚的夢中，飛遍城南城北，
誰家的畫棟，還有它舊時的巢穴？
今日的城北，遠勝過昔日的城南，
從鼓樓到下關，荒塚全佈滿人煙，
陝西路西，雄峙著多少新興門第，
北極閣頂，那玉樓更是飄飄欲仙；
一去二三年，誰為你看管那庭院？
誰為你培植那瓊樹？灌溉那瑤園？
再過幾年，主人還不隨燕子歸去，
今日的城北，也淪做來日的城南。

　　啊啊！這二月，在故國，

該正是結伴踏青的時節……
人們說東風是使節，傳來了花信，
迎春的踏青人，紛紛地湧出東門；
明孝陵、中山陵……更遠的譚墓，
陵園的大道上，掀起了十里香塵。
梅花、杏花與李花，交織成京錦，
怎及那如花的妖姬們，裝束翻新；
她們笑那巨石的翁仲，缺腿斷臂，
可知道笑它的，早有過前代佳人？
東風未進東門，先得在郊外痛哭，
哭青那二陵的草木，為豪傑招魂；
萬古千秋，年年的金陵都有二月，
二月的春色，煥發為民族的精靈。

—乾坤十五期

花與歌

張秀亞

別稱呼我—花
我只是秋日湖邊
你凝眸過的那朵雲霞。
是你的舊夢
裝飾了我的微笑
　和我的形象。

凝視我吧—
漸漸的，
你壁上徒懸的空空琴匣
悠揚起一支老歌。
它曾縈繞人們的口邊，
而今
你可記得？

—乾坤九期

仰望三十三行

又題：兩個星期五和一隻椅子

周夢蝶

不信一室之內有兩個星期五？
不信這隻椅子
——一直孤懸於我的小木屋之一隅
舉頭七尺七寸的高處——
是我，以自己為樣本
為你，單單只為你而編的？

你說你星期五下午來，
我從星期二一早就開始歡喜；
有兩朵孿生的天人菊
開在我眼裏。
門不啟而自啟。
隱約有花氣氤氳如白木犀，嬝嬝
自我親手為你而編的椅子上散出——
不信？那是星期五，我在聽你
而你，星期五在說我呀！
隔著一層薄而透明的藍玻璃。

語言浮華且最易孳生誤解；
慘然一笑，你說：

語言如紅杏，一不小心即將為窗外
長耳的松濤、烏鵲、鳳尾草與象鼻蟲所竊聽
而無端引來南斗與北斗非想非非想的眼睛。

再多一分，便是下弦了！
但得三分五分七分滿就好。
赤松鼠已睡醒了，
與梭魚的機杼聲相呼應
潛水鳥已長嘯了第七響了。
少少許與多多許二者誰更窈窕？
但得七分五分三分滿就好！

明天太陽會不會從星期五的足下昇起？
孤懸於我小木屋之一隅的椅子
已自七尺七寸的高處取下
且拂拭了又拂拭再拂拭：
林蔭道上的落葉是掃不完的！

民國八十五年十二月十一日
梭羅湖濱散記重讀二首之二

——乾坤七期

野趣

胡品清

在山之隅
水之湄
詩人行走　讚賞　欽崇
聆聽心中的七弦

見她來到時
為了迎迓
眾花；
令紅寶暗淡的
令孔雀尾失色的
以及
小小金盞
皎潔如霜雪的鈴蘭
或含笑
或裝出傲岸的儀態萬千
且如是云：
「瞧！是我們的孿生姊妹走過」
而林中高樹：
龍柏　油加利　槭和楓

致她以敬禮
一面呢喃：
「是她，那沈思者」

—乾坤十八期

七里香

薛林

一粒種子變成小樹
小樹開滿星星點點的小白花
微風飄拂，小樹低頭望望
濕潤的泥土說：
要不是你
我那來飄揚到七里外的芳香

—乾坤二期

鹿回頭①

屠　岸

阿丹早年失去了父親
跟母親相依為命
母親病重，奄奄一息
巫師說只有鹿茸能救命
少年獵手拿著弓箭
走向山野，走向原始森林
踏遍山梁，涉遍溪澗
始終沒有發現獵物—
忽然，一隻梅花鹿出現
阿丹立即拿起弓箭
年幼的牝鹿四蹄騰空，愴惶逃逸
獵手救母心切，緊緊追趕
梅花鹿奔躍如飛
阿丹窮追不捨
躍過九十九條溪
越過九十九座山
梅花鹿奔到山崖盡頭
前面是茫茫大海
退路在哪裡？
勝券在握的獵手挽弓搭箭

梅花鹿驀地回頭
一雙鹿眼悲傷地望著阿丹
晶亮的眼睛裡流下兩行淚水
救母？放生？一剎那間—
獵人的兩手猛烈地痙攣
少年的胸腔裡爆出熔岩
鹿淚滴上嶙峋的山石
山石頓時化為一朵祥雲
簇擁著一位美麗的少女
向阿丹緩緩飄來
愁眉漸漸地化解
略帶哀怨的淺笑呈現
悠揚的樂歌從海浪中升起
少女偎向壯闊的胸膛
這回是獵手的眼裡湧出了淚水
淚水滴到少女的額上
少女的額上現出了帶香的梅花
對鏡貼花黃—吟誦聲頓挫抑揚
在熱烈擁抱的時刻
弓與箭跌落山崖

在海底珊瑚礁叢裡消失
阿丹心靈震動，血液沸騰
一個念頭突然萌生：永遠放棄獵殺
青春煥發的一對戀人牽手回家
大森林裡每棵樹發出喟嘆
榕樹的氣根列成儀仗隊
椰樹和檳榔並立誦讚辭
三角梅讓出一條走廊
香草蘭和扶桑變為鋪地錦
二百歲高齡木棉再度綻紅花
相思樹喜極而泣
見血封喉縮入地縫……②
他們在寨門口發現巫師的屍體
兒子的一念已經使老母豁然而癒

註：①鹿回頭是一座雄偉峻峭的山嶺，因地形酷似一隻回頭凝望的鹿而得名。黎族民間對此有美麗的傳說。它位於中國海南島月牙形的三亞灣，距三亞市區三公里。
②「見血封喉」為一種極毒的植物，人接觸它傷膚見血即死。

——乾坤二十期

初醒

夏菁

從另一個世界掉回
受驚於劃空的鳥鳴
或床頭的春雷

自一層繭的無形
破出，還不欲起飛
潛能有待肯定

假如我是一尊木乃伊
徐徐轉動我的眼珠
較量周遭和回憶

一種周而復始的歡喜
每一次回甦，沒有被
障眼的魔手闔起

——2000.8.15寄自落磯山下

—乾坤十八期

知音

——致某一長笛演奏者

彩羽

縱是　望帝
啼血　總是悲涼

並非奧費烏斯哦
若何自妳雙手巧巧與夫唇緣之間
一再意圖
要把妳整個生命同春天
如斯閃閃
亮麗地放出

唉，它們究竟
能傳達到哪兒？又能
轉述些什麼

無怪　曲高和寡
無怪　目眇眇兮愁予

所謂：知音
倒也　無非能夠

將一整體的重量，分置在
一既定的
兩顆同樣的心上
相同

世事愴涼
人海茫茫之中
子期何在
伯樂竟又在哪裡

總是　溷濁
總是　難以啟迪
總是　東向而望不見西牆
雖說　追尋
也可稱之為——一種欲望

一九九九年七月六日於台中市

——乾坤十二期

一盞燈

雪飛

一盞燈
輻射出萬道光芒
那是唯一的
不屬黑夜

黑夜的荒野
有如死海
只有那盞燈，帶動了
所有視覺

蝗蟲看見食
蝴蝶看見色
追捕野獸的獵人
更看上一頭豹

那盞燈
不是夜的俘虜
以自己底光來證明
自己的存在

一九九九年八、十三、晚

——乾坤十二期

太陽・揹上光的十字架

——給詩神

羅門

你的光臨
是來看目與窗的透明
　點亮大海與曠野的遼闊
　　看水流花放
　　　鳥飛雲遊
　　　　無　邊　無　際

揹上光的十字架
　架好時空的座標
你一路在光裡走
是誰以鷹鷲之翼造成日蝕
　以蝙蝠之翅　編製黑夜
使光的圓渾暗成黑溜溜的
　　　　　　　　圓滑
而你即使因此瞎成荷馬

仍聽見那密集的血釘
　在你身上磨出的聖樂
仍奉著韓德爾的彌撒亞
　成為禮拜日的鐘聲
　　流響在光波中
　　　永
　　　　永
　　　　　遠
　　　　　　遠

附語：連續在《乾坤》詩刊發表高見度詩論的賀少陽先生，終於說出詩就是「真理」此句深知卓見的話。那麼，詩人就該爲「真理」活著，萬不能背離真理，而成爲價值不分，是非不明，沒有公平正義，勢利、鄉愿與拉皮條的社會之徒。詩成爲「真理」時，詩神便得揹上光的十字架，走向前進中的永恆。同時這首詩也無形中是以詩寫成的一篇「後設」的詩論，在談詩的終極價值。

——乾坤十一期

業已深秋

蓉子

業已深秋
看濃鬱青翠　葉葉變色憔悴和凋零
繁華因大量禿髮而淡褪

業已深秋
不再日月高照
不再步履曼妙
曾經走過輝煌　正如
那些業已過渡的前人　和
陸續在後追趕並超越我的後進

總算揮別了呢呢喃喃的春天
熙熙攘攘的夏天　奈何
捉摸不到一絲秋情秋意秋景
體味短促星馳的秋的爽颯　和
不久的冬的沉寂
一向不喜喧囂的我　遂
更靜謐如無聲的田園　如
平凡無華的鄉村

業已深秋
經過一場劇烈的地搖天動
選情又開始發燒
島上的夏天已經夠久
人們還要把夏的尾巴用力拉長

重陽早過　業已霜降
且迫近小雪　依舊悶熱
混淆了季節的特性
攪亂了人間秩序
模糊了冬天肅穆的容顏　和
他智慧的白頭　不意
傳說久久的千禧年已蹲伏在大門口

一九九九、十一、十一

——乾坤十三期

或人的輓歌

向明

崩逝，在窗下，在黃昏
在聞不到酒香的覆蓋中

誰是主？他的靈魂超昇不在謝肉祭
他的肋骨尚包藏不住眾星

沒有修完早課，書頁尚在跋
便於是走出去，變成一尾風乾的影

綠袖子在轉角哭泣，生命於骷髏裡退隱
今年的霧季尚在流行，他卻逃離流行

啊！誰是主？今年的霧季尚在流行
何為你熄去眼睫邊的燈

——乾坤九期

擬賴詩婷遺言

文曉村

我好喜歡我的名字
我一直夢想
能夠活得像一首詩
擁抱一生的娉婷

我讀過狼披羊皮的故事
卻不知道狼也會披人皮
對那頭惡狼　我曾拚命
反抗　但我的力氣不夠

那頭狼撕剝了我的衣服
現在　媽媽　我好冷
我想穿長褲　還有
過年時曾經穿過的
那件紅色冬裝
也請爸爸不要燒掉
那個畫有卡通的書包
我還要繼續讀書

不要再哭了
爸爸　媽媽
想念我的時候
可以看我留下的照片

後記：十二月十三日，某報首頁刊出一則附有照片的新聞，一邊是一個穿著紅色冬裝，一臉天真可愛的女童；一邊是一件紅色裙裝，和一個畫有卡通的紅色書包。標題是：歡樂童年，化做白骨。原來是高雄縣大寮鄉某國小二年級學童賴詩婷，十月十八日放學後失蹤。日前，在鳳山市郊區一處草叢中，被人發現時，已是一堆白骨。此案現已偵破，犯人是一個犯有強暴女童前科的男子，承認姦殺棄屍不諱。此種獸行，令人髮指。多日來，那個七齡女童的身影，像一塊沉重的石頭，一直壓在我心。今晨，賦此哀詩，寫到最後一句，想到失去愛女的父母，今後只能從女兒的照片中，追懷往日的歡樂，竟然悲從中來，流淚不止。

一九九六年十二月十六日晨含淚寫於台北中和半山居

——乾坤二期

僵化了的思維邏輯

潘皓

在這島上為什麼
有那麼多舌頭在嚼荒誕
甚至把嚼爛的風骨
說成一種箝制思想自由與
灰色隱形的魔咒

許是這兒的藍天不再藍
阿里山的神木枯了
無怪冷血的太陽繁衍的憧憬
逐漸被吊在
哭泣的窗口風乾

尤其錯綜的藤蔓
與多刺玫瑰組合的語言
比午夜吊詭的琴韻
或閃爍於荒塚的飄忽靈火
還要撲朔迷離

於是麻木的思維

僵化為形式邏輯的冷漠
使兌不了現的期待
如今仍在時間副詞上擺盪著
顯得有些焦慮　徬徨

此一象徵無異於
一株植於深淵的向日葵
不管它的光環朝向
何處移動（向左或向右）　都
轉不出那渦陰森黑潮

當一隻好奇的烏鴉
偷窺一個盲者在一棟黑屋中
去尋找一頭走失的黑貓
看見的卻只是一幢幢搖曳魅影
與晃動著的晦暗朦朧

——乾坤十五期

跨洲大橋

徐世澤

從遙遠的亞洲
伸出一隻手臂
和煦的陽光下
伸向對岸的歐洲

希臘人的手
握住了突厥人伸過來的手
幾塊感性的鋼板
將海峽隔開的兩洲連接

大橋，交流著兩洲的思緒
從亞洲傳來
成吉思汗的牧歌
羅馬人的十字架被圓頂蓋壓住
可蘭經震得海水嘩嘩的響

後記：土耳其第一大都市伊斯坦堡博斯普魯斯海峽上，有一連接歐亞兩洲的大橋，至為壯觀。

—乾坤十七期

醒之外

秦嶽

不香
　不入夢
　　入夢就是　花香

花香
入夢
　夢就芳香　千里

千里之外　有我夢中的故鄉

不春
　不入夢
　　入夢就是　春天

春天
入夢
　夢就燦爛八荒

八荒之內　有我夢中的爹娘

二〇〇〇年六月於台中文學街

——乾坤十六期

燈的蛻變

金筑

燧人氏
播下火種
譜下燈盞文明的濫觴
映照人類最早的黃昏

豆燈花開
紅燭剪明
都被油脂挑旺
開啟夜的眼睛
綠了夜的激情
一枚不寐的夢
撩醒

遮入
電化世紀
銀光閃芒　通宵達旦
裸露夜的神秘

為何？

炬明復盲人眼
熒熒投射
無力屠入心臟
心靈之最　更瞢然
君不見
社會仍
黑　黑　黑

——乾坤三期

重登瑯琊台有感

丁文智

一個陰沈的秋末
走在山後羊腸小徑上
突聞誰在冥冥中喊
小心　忽將始皇帝的腳印踩亂

在山頂那片慘白的方裡
十一具雕像
盡俱人模人樣的展佈著
兩千多年前的那副嘴臉

難道
第五次巡行於此的這場風雲際會
已爭論出點眉目
不然徐徐開展的那卷徐福上奏
怎會如此輕鬆的就遞上了
沒有上諭
哪來的龐大經費支助
讓他假借「藥」名而逍逍遙遙跨海東遊
且一去又是不復返了的

嬴政啊！　嬴政
就為強調自己未弱未卑
而巍巍然不可一世
什麼儒沒坑過
什麼方士沒養過
臨了
還不是陷自己於生於死的層層看不透裡

如今風嘶的是什麼
　海嘯的又是什麼
在這方圓不過爾爾的小土台上
指手劃腳
是逾格之壞未道盡
還是有意喧嚷你那以血營造的那些勳業

不過　修築長城是一回事
「書同文」「車同軌」又是一回事
對土地所有及水利開鑿這一事實上
可從未埋沒你

史記上不是這樣說
「渠成關中為沃野無凶年」嗎
只是千不該萬不該
你用所有智慧花紋過的咸陽
未享用
就被指鹿為馬的混蛋趙高
弄出的一把燹火焚盡
如此小人都納為知心你說你昏不昏

猶有甚者
是在焚書的熊熊火燄中
未「嗆」出你半點悔意
而還更加荒誕的把百姓賜稱「黔首」
這一黑
豈不又剝炎黃子孫一層認同上的皮

臨到你
這副遺臭萬年的死皮就難剝了

博浪沙那要命的一擊
竟失手
這又使你多演了一齣「大索十日」的名劇
難道當應了那句「禍害一千年」
不然何以「圖窮匕現」的那一劍又落空
且智勇之於荊軻者
也會抵不過夏無且手中的藥袋

既不死
是否該思考出一種新活法
而不是仗著撿回的一條小命
意得欲從的磨刀霍霍

至終　禪是在泰山封了
未幾
大秦江山也就被趙高玩崩了

雲起西北西
似有雨

隨想沿原路即刻下山
不料一起腳
冥冥中又響起先前的那個聲音
儘管走　儘管踏　剛才是嚇唬你
其實始皇帝的足跡
早已拓印封在歷史檔案中

附記：瑯琊台位于山東膠南瑯琊鎮境內。海拔一八三・四米。公元前四七三年爲越王勾踐始建。公元前二一〇年秦始皇第五次巡行至此。現台上建有十一座大理石純白雕像（爲始皇、胡亥、李斯、徐福等）並有刻石十三行八十六字，爲胡亥詔書、李斯篆。離台不遠處，築有徐福殿，唯因未妥善開發，週邊顯得十分荒涼。

——乾坤十六期

惑

——驚聞中東槍聲又起

魯蛟

信仰啊　信仰
莫非是　信仰有兩種？
一種是為了自己
一種是為了眾生

宗教啊　宗教
莫非是　宗教有兩種？
一種是迷戀戰爭
一種是擁抱和平

人生啊　人生
莫非是　人生也有兩種？
一種是忙著怎樣生活
一種是忙著如何死亡

——乾坤十九期

康橋鎮逢二君子

大荒

新來乍到
眼耳鼻舌全水土不服
獨立哈佛廣場
前不見R・O・C
後不見P・R・C
舉目唯烏鴉是舊識
鄉音不改，毛色未變
還是一副玩世不恭態度
高踞枝頭
呱呱聳肩罵人

景物相看兩不識
卻也相看兩不厭
英格蘭人早把土著的樹皮寮拆掉
煨冬季火爐了
古樹尚具印第安風格
葉緣如鋸，脈絡嶙峋露骨
然吟起風來
已紛紛發牛津腔了

與祖國，相去半個地球
與唐詩宋詞相去還要乘三點一四
草木並不見外
嫣然假我以顏色
我隨意數花鬚
一數數到自己的心跳
好眼熟的畫意
在一歐式庭院，我遇到
一籬黃菊
數竿軒竹

停船暫相問，
或恐是同鄉。
我舉手欲叩，終於沒有叩下
隱喻是一片留白
最好不要掀開

一九九八秋於康橋旅中

——乾坤十二期

無煩詩

宋穎豪

1

天一亮，怎麼，鳥兒野到那裡去了
怪不得毛毛蟲滿地橫行
遠遠近近的枝頭靜悄悄的
充耳刮來了搖滾晃盪的風
不是說早起的鳥兒有蟲吃的嗎？

2

老張跟著老黃拖拉著過去了
顯得格外的蹣跚，而且張皇
老黃卻一溜煙竄進了一條小巷
他遂也點燃一根香煙
悠悠地噴起霧的圈圈

3

老張一家三代同堂　融融其樂
擦肩接踵　各哼著自己的歌
他習慣喝稀飯　嘩啦嘩啦地
兒子愛吃燒餅夾油條
三歲的孫子一直嚷著：麥當勞！麥當勞！

——乾坤八期

寧靜佩托湖

麥穗

一根柔柔的水草
不忍破壞一湖寧靜
將草尖匍伏在湖岸

只有夜晚的星星
像頑童般一顆顆地
跳進湖心
湖水卻不曾縐一皺眉

清晨
朝陽將雄偉的山
推進湖的懷裡
朝風下
佩托湖展示了一絲
笑靨　微微地

—二〇〇〇、九、十　加拿大

—乾坤十七期

聽琴

陳學文

有人在彈琴，
問我聽懂了沒有？
「此夜曲中聞折柳。」（註一）
遊子可有不鄉愁？
我聽得出神了，
彷佛走入一幀攝影，
在那兒漫遊。
一望無垠大地上
隨處芳草綠油油。
寂寂雲天邊，
還有一頭牛。

有人在彈琴，
問我聽懂了沒有？
「故國不堪回首……」
問君能有幾多愁？」（註二）
我聽得出神了，彷佛走入一幅山水，
在那兒逗留。
西風徐徐而來，

青山綠水依舊。
「天涼好個秋！」（註三）
蒼勁老松下，
還有一頭牛。

有人在彈琴，
問我聽懂了沒有？
吃的是草，擠出是奶。
拖車犁地，終生無休。
可曾想到還有
屠宰場的刀斧侍候？
唯一冠冕堂皇的理由：
人們需要你的皮和肉。
可憐的，牛呀牛，
曲中有淚為你流！
我聽得出神了，
彷彿走入一幕電視，
在那兒重會那位洋妞。
瓊拜亞，名噪一時的歌手。

她又在彈吉他，唱「多納多納」
那首古老的民謠：
「誰教你生來
就是犢一頭？」（註四）
哦，我也許聽懂了，
我可真是一頭牛！

註一：李白「春夜洛城聞笛」詩中句。
註二：李煜「虞美人」詞中句。
註三：辛棄疾「采桑子」詞中句。
註四：吉他彈唱歌手Joan Baez曾名噪一時。所彈唱民謠Donna, Donna中句：
Who told you a calf to be?

——乾坤十七期

小鳳仙

張朗

蔡松坡自編自導自演的
一齣龍返深淵已經開拍
妳不知道。更不知道
歷史的鏡頭正對著自己

當他演到鴛鴦分飛成勞燕
也許妳猜想下一幕必是
梁紅玉與韓世忠的故事
滿懷歡悦地等候錄影通知

哪知突然人去棚空燈熄
才悵然於全劇已經殺青
擦乾好夢易醒的眼淚
又還妳本來的姣美笑靨
仍是一樹迎風送鳥的桃花
豔光照耀復辟夢醒的京華

——乾坤十期

蝴蝶與蠶蛾(又名：方盡之劫)

——給ＹＬ

邱平

襁褓妳的蝶之魂
扶搖妳的蛹之夢
唯美主義者的形上學
妙計錦囊，精心包裝
如倦葉｜之懸絲高臥於
一無防護的枝梢｜卻又能
適時而醒！且翼化、且翩然
且乘那串門子西風之盛吹
竟渡海越洋，隻身而
單飛！ＹＬ

而我卻仍在日夜縈造
一自設的囚牢！我會因無法叫停的蠶吐｜反將
置身於沸騰之中嗎？抑或
我勢須奮力一嚙！破繭
始成為那隻複眼環視正釋出
鱗翅撲動的般若
拒絕赴湯，亦無意蹈火
我乃方盡之劫後

一重生的蛾

一九九八、七夕於台北

——乾坤八期

詩的坡度

張默

你從何處來
溫婉地趴在我的稿紙上
頭上頂著一輪
思想的明月
瀑布一樣的傾斜

．

看不見森林的坡度
靜默，疏疏落落的小雨點
深情地
在我案頭黑漆漆的經卷中
踱蹀

．

一個獨孤的旅人
頻頻向蒼天發問
為什麼，沒有方向感的星星
總是在懸崖邊的缺口，唱個不停
我一直驚悸，並且隱藏
不讓自己發酵開花

不讓自己黑白顛倒
永遠哈腰，狂想和泥土舞蹈

——乾坤九期

阿里山神木

謝輝煌

見過阿房宮秋紅的火
見過長崎廣島升起的雲
祝融的洩憤
雷神的悶棍
又算什麼

．

站了三千多年
躺成一句詩
依偎母親的膝前
一生的辛勞
在微風中睡著了

八十七年六月三十日神木放倒之次日

——乾坤八期

骷髏酒

莊柏林

當你盛淺酒
一喝而盡
多悽涼的淚
從擒住的眼眶
掉了下來

築夢在另一世界
你已去良久
那是永生
以骷髏的身影
回到跟前

曾經在戰場交手
曾經以至親託付
很久很久以前的記憶
也敵亦友
如今以杯盛酒
請喝下這酒一杯

滲著深沉的傷悲
此生此世
宛如一場雪
遇熱即成水

——乾坤八期

星的位置

碧果

在無言的月下
我以心的碎片拼貼最美的秋夜
拼貼汝的姿儀
使回憶在體內流動著嚙食
一張張的小嘴嘶裂開生命的隙縫
由滴血的內層透出神秘純潔而絕對的
光亮

只有飛翔是思念汝的方式
無奈　我依然走入栽植荔樹的幽巷
因　汝正隱沒遠遠的花影間
猶是　連空氣中都有種聲音訴說著
把時間倒反過來　擁抱汝

啊
我正以心的碎片拼貼汝的姿儀
使汝
在　我的體內
晉身　為

永恆的
星的位置。

——乾坤九期

待妳飲我

王祿松

苦待成，塵封的詩情
待妳以銀剪
裁切我的憔悴

・

孤寂成一杯星輝
待妳舉杯
飲我成醉

・

縱出的相思淚
回注心頭
結成雨中的蓓蕾
簌簌低垂

・

縱不出的相思恨
一一在詩上清眠
細看時
寸寸成灰

・

待妳來飲我

非酒，非醋，非水
縱手一揮
一袖會飛的淚

——乾坤十六期

魚

晶晶

潛入無聲的水域
尋覓生之空間
靜　是一種恢宏的聲音
把活著的訊息
傳遞給最初的生靈

無愛　無恨　無煙硝
無風　無雨　也無情
一任這啞默的身影
忘我優游

終日醒著
依然撞入迷津
鯊吻　鯨吞　刀俎　鼎烹
火葬或者水焚

人有史記　樹有年輪
在這第三度空間裡

唯有擁抱遺忘
才是智者的選擇

——乾坤十四期

你透明身軀形為指標

——懷三閭大夫屈原

辛 鬱

聽罷汨羅的潺潺
我獨自負手默立
想一江萬頃波濤
一個高潔的靈魂
吟唱著湛湛直上雲霄的
那抱石沉江的生命終曲
伴以陽光的金色線譜
和風徐徐撥奏
五月的絢燦

拔地而起的
人的形象　你是
民族的歌手
你以詩為證　以死為諫
擴展的人性光翼
凝成歷史壯美的一葉
在日夜燃燒的熱情藍燄中
你透明的身軀形為

一種指標　召示我
怎樣走出自己的步伐

——乾坤十一期

飆一張瘋翻的床

一信

跨上車　飆啊！飆啊！
除了快不再有世界
除了衝不再有感覺

飆掉煩　飆掉惱
飆掉憂　飆掉愁
飆掉心上的不爽
飆掉心上要焚的火
飆掉要逼瘋人的恨
飆掉要爆要炸的憤怒

飆，飆！飆啊
飆離書本　飆開學校
飆離分數　飆開名次
飆去世俗　飆去法規
飆離你們　飆遠你們
飆到看不見你們

龍飆於天　虎飆於野

猛豹飆在山崗
野狼飆在草原
飆啊！飆啊！

不顧一切的飆　不問一切的飆
不管一切的飆　不知一切的飆
飆掉無奈的情感　無奈的社會
飆掉無奈的國家　無奈的世界

我飆！你飆！
從整個生活飆成一部車
從一部車飆成一種瘋狂
從一種瘋狂飆成一番翻滾
從一番翻滾飆成一張床
從一張床飆向一個未知的世界
從未知的世界裡飆到一個沒有明天
的明天

—乾坤十一期

人物

傅予

掀開歷史的紀錄
人物在書中
他活在文字的堆砌中

走過藝術家的畫廊
人物在畫中
他活在光影的輻射中

瞻望大地上的銅像
人物在風雨中
他活在諸多風景的點綴中

編織半個世紀時間的流影
人物在夢中
她活在一個人的心中
——霸佔了一個心宇

——乾坤二十期

抽菸的女子

藍雲

她已經很雲很霧
此刻更成了雲中仙子
太多的心事，壓得她幾乎快窒息
為了逃避緊逼而來的愁緒
她讓自己躲在雲裡霧裡
卻不知燃燒在她指間的生命
正一寸一寸地化煙而去
她是找不到岸的舟子
在茫茫夜色中
只見那菸蒂上的火花
成了她最大的慰藉
也是她對自己一生的詮釋

——乾坤九期

西門町的黃昏

周伯乃

螞蟻雄兵　一群群擠過古老的街道
街道便如淡水河般越來越窄小了
沒有人敢預測明日這裡會發生什麼
高樓變為平地　捷運車載著死屍
甚或一些政客巨賈的骨灰罈種種

昔日　東洋人圍起的城堡
不及半個世紀折騰　已化為烏有
誰又能保證當你我生命逐漸耗盡時
這裡還會有多少榮華富貴任你揮霍

霓虹燈下的誓言早已隨風而逝
挫敗的鄉愁像隔夜的果汁
漂泊的靈魂宛若離了枝的樹葉
這裡沒有真正的愛情
唯一的愛情像抹在女人臉上的胭脂

那群慵懶如貓般的老人
聚集在空寂的牆角裡打盹

聞著女人衣裙裡的花香
花香撲鼻　驟然驚醒如海浪衝過
使他想起多少次夕陽以後
仍有許多唱不完的小調
妹子　當舌尖舐進你溫柔的陷阱
乾涸的古井　突然冒出清泉
涓涓如流過淡水河床上的沙丘

午間　一陣驟雨打落的樹葉
漂浮在污濁的陰溝裡
那是紫丁香死去的慾念
是咖啡廳和歌廳嘔吐出的情愁
表哥　明日再來

——乾坤十一期

主婦

李政乃

一家大小奔四方
日日相見不敢奢想
家事如舊一把抓
忙裡忙外只為家
變龍變蟲全由你
腰酸背痛誰來理
揉揉捏捏
主婦兼良醫

——乾坤十九期

懸崖上的松

卓琦培

不要從大師的畫卷上認識我
不要隔著雲霧看我

其實
我祇是在你不願去的地方
站著
任憑根
在巖石的縫隙中蜿蜒
尋找我的那份瘠薄
擁抱你不願去擁抱的
寂寞

也嫉妒過普普通通的樹
正像許多樹
嫉妒過我

——乾坤十八期

在某一個夜晚

浪波

記不清是在哪年哪月
只記得窗外瑩瑩月光
記不清是在何時何地
只記得促織嚶嚶鳴唱

梧桐的葉子緩緩擺動
微風中是誰輕聲嘆息
一顆露珠從腮邊滑落
是哀愁還是某種欣喜

倘說人間事都是隨緣
偶然的邂逅終歸意外
若言百年身總如夢幻
必然的分離何須悲哀

不該忘卻的渾然忘卻
該忘卻的卻留下記憶
一個幽靈徘徊在眼前
無論如何也難以拂去

記不清是在何地何時
只記得促織鳴唱嚶嚶
記不清是在哪月哪年
只記得窗外夜光瑩瑩

——乾坤十三期

牆的心事

楊啟宗

怕　竊賊偷入
怕　妻妾偷出
主人要我守衛

無奈！
物　還是不翼而飛
人　還是不告而別
主子怪我成事不足
房子怪我敗事有餘

柏林圍牆還不是垮了
怪誰？

——乾坤十五期

命運

——帕米爾高原曠野感賦

高準

總是走在迢遙的路上
前程總是無盡的雲山
茫茫曠野是那麼寂寞
莽蒼蒼只有風的呼喚

總是走在迢遙的路上
不知今宵投宿的驛站
迎風承受撲面的塵沙
漫長的道途似明還暗

總是走在迢遙的路上
回首來蹤是當年夢幻
努力向前呀又往何方
不如歸去卻已無原鄉

（一九九六、十二、廿五）

附記：當我翻看今秋獨站在帕米爾高原邊境曠野公路上的照片時，「總是走在迢遙的路上」這句子油然閃現腦際。自己一生不也就是這樣嗎？真有「念天地之悠悠，獨愴然而涕下」之感。題目稱爲命運，也可解釋爲人類命運的意思。

——乾坤二期

異鄉風波

朵思

鄰居說他庭院的草皮沒有修剪
影響社區景觀
一狀告了上去

他買來塑膠草皮
以圖一勞永逸

冬天，所有的草皮經過霜雪變成枯黃
他的草皮依然悠綠
鄰居又告上去
這一次，他們說：他的草皮太綠，有礙景觀。

——乾坤十六期

蒼蒼茫茫

林煥彰

鷺鷥，在水田中
覓食
每隻，都是一個
？

昨天的，早餐？
今天的，中餐？
明天的，晚餐？

農夫，遍灑農藥
茫茫，蒼蒼
蒼蒼，茫茫
……

一九九六、九、三十
台北—新莊二九九公車上

—乾坤一期

花飛飛

夏威

朦朧的山峰預測著一場島上斷腸雲雨
閒亭小坐　你坐成古典唐宋淑女
臨鏡梳理　髮長遮身　遮成世紀的黑白
交疊　交疊成黎明的湖光山色
煙水薄薄的你　是幾度渲染的湖
是一首淒美情歌　是一場簾外淒風苦雨
花飛花落
我們訝異相逢　醉入彼此的春暖飛花中
你是花香誘人湖水　我是動情的風
吹過橋　吹過亭　低低憐惜拂過
你浮花浪蕊游移盪漾的平滑肌膚
燃燒的情點燃天上閃動的千星萬星
在你攤開的一湖盈盈等待裡　徹夜照明

三十八棵彩虹花燃成等數生日紅燭
照亮小島浮生醉裡春夢
游移山雲季末失去纏綿佈局
灰暗散亂　揮洒成一片惜別煙雨
所有的花都明白　都流淚　都一一墜落

山中　都是昨日春花記憶昨夜紅燭幻影
都是山中偶起偶滅的艷艷花飛飛

——乾坤四期

雨思

涂靜怡

綿綿的秋雨
霏霏　淒淒
彷彿在浣洗
那遠去了的記憶

記憶是千絲萬縷的愁緒
是一首低徊不盡
終日　幽幽怨怨的歌

那年冬日
你匆匆而去
心慌意亂的女孩
來不及理清感覺
紛沓而至的　竟是
人世間的傷悲

世界依然在運轉
季節也不會因她的痛
而改變遞嬗

寂寞的小樓　常有孤影倚窗
望盡天涯路
望不斷心中的惆悵

寫於八十五年十月十四日

—乾坤一期

霧

張清香

是漸遠的戀情
是淡出的倩影
是不捨的回眸凝視
是貓腳上飄落的花痕

模糊而清晰
濃郁而散淡
似無若有
記得又像忘掉

在不經意間
來了又去

八十八、八、二十四夜

—乾坤十二期

生日・在雨晨

大蒙

妻子久病不癒，近又遭逢橫逆，整日黯然不語。今贈我生日卡片，謝我一生與她共度難關，讀後不禁淚下。

妳我一夜間老去
淅瀝的雨聲敲門
我去翻薄薄的日曆

看！
落葉是憂傷的蝴蝶
睡著溼冷的新泥
記得不？那細嫩嫩的春芽？
在蝶翅上不留痕跡

很久不敢接受春天邀舞
隱約聽見呼喊
自流不動的光陰

一陣驚狂　將眼淚跌碎
妳凝住漆黑的眼瞳
哭出滾燙的墨水

病貓一樣慵懶
生命依然在怨艾中跑完
唯我們痴傻的愛情
仍然每一天滌洗
每一天晾乾

難關　當然是永遠的存在
唯恐等不及
來日在天堂裸體相遇
擁妳
淋一場彩色的雨

—乾坤十九期

母親不要哭泣

——觀碧潭上撒冥紙有感

龔華

飄過拂水而過的早晨
長衫攪亂了清寂
泳者捎來顫抖的波紋
晨跑人嘶嘶足音掃過裙裾

吊橋掀開了氤氳的晨霧
龍舟喊醒了沉睡的亡靈
花片染著第一道陽光
飛舞出金色旋律

漩渦淹沒不了藍天的回憶
潭水洗不盡「水深危險」的倒影
沾著污泥的鞋不成雙的散落
何時能尋到回家的小徑

當夜夜掩面的嘆吁探首晨曦
風兒總也吹不散岸邊的送行
妳乃佇立岸邊

以慇慇溢出眼眶的碧綠
承載方才飛揚起又墜落的花片

那染著金色陽光的細語
是誰家灑落的心情

綴滿水珠的裙襬
再也無法飄揚起
卻如風鈴般輕聲低吟
母親不要哭泣

—乾坤二十期

內蒙喜雨

談真

法輪轉動
啟開天地密碼
雨水降臨陰山南北
蟈蟈蝗蟲收斂行腳躲回孔穴
乾涸小溪漲滿水流
可愛沙蔥迅速長高
帶有黃土芬芳的青草地
羊咩咩嗅得一身泥
向日葵陷入雨的迷思
流露怯怯的嬌羞
帶尾的蒙古文字
跳脫出一隻隻小恐龍
瞪眼直問
天為何突然下雨　而
我的先祖又為何突然消失？

——乾坤二十期

長江斷想

台客

想你啊想你
是一條長長的鎖鏈
橫穿於神州大地
拉緊著中國人的距離

想你啊想你
是一隻飛天的巨龍
有時高飛於天空
有時又潛伏於地

想你啊想你
是一截小小的腰帶
繫緊於我的腰間
遂有了長江的思念

—二〇〇〇、九、十七作于長江國賓一號渡輪上

—乾坤十七期

形而上的午后十四行

鍾順文

沿一些人的臉看過去
是一張忘了歸途的風景

出土的往事佔了一個座位
嗑瓜子品茗甚至蹺二郎腿
說甚麼也不吭一聲
我頓成桌上那盆不想開花的水仙

到底如何應對來往的腳步聲
吸管內上上下下的果汁
和起起落落的昇降機
都幫我回應了一些不該吞聲的話

剩餘的就交給時空
去咀嚼或者研磨
沒有人敢反駁甚麼
除了那滾筒式的旋轉廣告牌

——乾坤十七期

研究報告

劉小梅

嚴謹地撰寫一本論文
標題是
你

精讀
你的表情
拍攝
你的靈魂
參觀
你的腦庫
採訪
你的脈搏
探索
你的舌苔
租賃
你的心房
記錄
你的感覺
編輯

你的思維
搜集
你的意願
剪貼
你的語言
實驗
你的機能
解剖
你的策略

丹桂飄香時
交稿

——乾坤十八期

生命之樹

鍾雲如

生離死別
如落葉
層層覆蓋且撫育
生命之樹

生命之樹
堅挺啊
別怕長高　別怕孤單
最高的樹
將有星星作伴

——乾坤七期

雪與梅

陳紹新

瑞雪繽紛　這早春的白蝴蝶
使世界純潔如美麗的頌詞
眾多慕名而至的眼睛
生動於一樹燃燒的腊梅

年輕的風　越過你燦爛的微笑
來到我內心那塊初醒的草坪踏青
我聽到了潮濕的琴聲
我的傾聽引領我在南方的雪地移動

雪花輕輕　像一群精靈撲向二月
如果你願意　我將鋪開靈魂的白紙
盡力搜集所有意象的翅翼
讓詩歌和我們的愛情一起上升

腊梅　一生與雪結盟的貞潔女子
流盼的眸光溫暖詩人的感悟
我從腊梅綻放的心事穿過
它熱情的問候使我的精神具有火焰的光芒

——乾坤四期

異鄉的西北雨

陳墨

深入蛙鳴鳥叫的季節
才知喧嘩之後
總有密密麻麻的心事
在靈魂的窗口叮叮噹噹
無論迅猛或綿長
都是感時的文章
想置之度外
卻早已被淚水精裝

東窗啊　東窗
是哪個天打雷劈的
又打翻老天爺的澡盆
弄得滿地滄桑
情節如此突然
叫我找誰幫忙

我知道
太嚴重的場面

是沒有朋友來的
何況又是異井他鄉

——乾坤二十期

貓頭鷹的品質

顧艷

蹲在樹上憨厚的貓頭鷹
在黑夜裡的目光憂鬱而善良
這是一種本質上孤獨者的形象
許多個夜晚我窺視它　就像
　窺視我自己一樣

我們都在黑夜裡飛翔
它蹬開大樹，我避開喧囂
我們的共同目標　是
飛向低處飛向深淵
我們與藍天白雲漫天的星星無關
我們的飛翔是形而上的飛翔

當世上一切沉睡的時候
我們總是清醒的，我們在醒中煎熬
當靈魂腐爛的時候
我們總是孤獨的，我們在悲傷中徹悟
這就是我們的品質
我們生存的獨特方式

—乾坤十一期

下午茶

張國治

讓音符飄過來吧！
烹煮一壺想飛的咖啡心事
鋼琴裡沒有版本的旋律
愛情裡沒有答案的詩篇
情歌好唱，一唱再唱
情詩迷人，寫了又寫
痴情的人都患了世紀末絕症
午後的斜陽愈照愈少
專情的小路愈走愈窄

淺淺的人生，深深的情海
還是加點甜味吧
讓潔白純一的雪塊
靜靜泅泳於心情的水域
秋日午後
一段愛情淹死於
一杯未加糖的咖啡

——乾坤十三期

寂寞瘟疫

楊平

這個世界的寂寞已太多
深藍的海底密藏著一顆
憂傷的心。
寂寞的夜晚　寂寞的世紀末
寂寞的人紛紛出沒在寂寞來襲之時

雲朵是憂鬱的，鐘聲是虛幻的
語言在空氣中凝為不透明的化石。
寂寞的夜晚　寂寞的世紀末
感覺全部的莎士比亞
不如一句對月的嘆息！

有人在密室囈語，有人在網上迷走
寂寞的夜晚　寂寞的世紀末
有人沿著都會盆地散發黑色傳單
—誰會收容失憶的迷途羔羊？
誰會在乎一條細瘦影子的瞬間滑落？

寂寞的夜晚　寂寞的世紀末

在哀歌　在咒語　在曦光穿過臭氧層以前
誰能洗滌滿身的塵慮
給寂寞　啊　那絕美的曠古精靈
一個深情的絕美擁抱……

——乾坤十九期

無絃操有寄並楔引

吳明興

潛不解音聲，而蓄素琴一張，無絃，每有酒，適輒撫弄，以寄其意。

《南史・隱逸傳》

淵明不解音律，而蓄無絃琴一張，每酒適輒撫弄，以寄其意。

蕭統《陶淵明傳》

性不解音，而蓄無絃琴一張，絃徽不具。每用酒之會，則撫而和之，曰：「但識琴中趣，何勞絃上聲？」

《晉書・隱逸傳》

芒這花從晚秋到暮冬
終於飄盡陰晴晦明
但東北季風依然微微
滉漾著茫茫的霧雨
使不斷徼醒如魚的夢
隨鐘鼓暫歇的餘韻
蕩入夕照彷彿的心底
唯見柳絮輕搖綠鬢
至若彩蝶蹁躚碧連天
莫非湖州兔過端溪
要不然怎會在錦牋上

忽而瀟湘忽而子期
忽而伯牙徽音聲聲急
祇是回眸收撥之際
幽幽然凝聚的千重黛
從化城的瓊樓玉宇
頓時銷歸寶所的空諦
否則縱任手談千局
亦難獨對辨碁的靈犀
靈犀靈犀狂雲又起
或恐仍舊要驚動天地

民國八十六年一月二十二日黃昏於大崙山華梵大學

——乾坤三期

熱戰邊緣

遲鈍

兩隻蚊子在海洋上空相互窺探
遠在雷達之外，欲望的底線延伸至雲層
波濤底下，新詩潛航
演練明日的戰術

是誰先靠近的
關於領海與領空，身體的邊界
是一則U型的秘語，請聽那輻射的波束
偽裝得如此圓融，卻又如此掩抑不住

你我的血都沸騰起來了，你質問
這一宗罪是好欲、饕餮、還是忿怒
好吧，我承認我侵入了我撞擊了，然後呢
征服的事如何道歉如何遺憾

然而這一切都無濟於事，無濟於燃燒的火
無濟於黑夜的母艦對峙與教堂禮拜
值得追值得問的是：如果我們要的不過是愛
翅翼下懷抱的鐘聲將擲落何方

—乾坤二十期

希望

琹川

讓哀傷隨同野薑一起凋落吧
蝶影几自穿飛在寂靜的水湄
走過秋日的原野
走到世紀的邊陲
把種子播在冬天的子宮裡
鍛鍊以霜寒
以死亡
始能歷經黑暗
破土萌長
那期待中的綠光
終將點亮母親眼眸的灰黯

——乾坤十四期

河邊謎題

歐陽柏燕

河邊
是花是樹是鳥還是沈思的魚
日夜記載舟槳划出的歲月

舟槳
疑惑水流回家的方向
是雲是霧是雨還是凝固的冰

水流
追問舟槳划出的牽絆
是水草是飛鳥還是岩石的心事

—乾坤六期

陳克華

世界於我是一則隱諭

一隻熱帶鸚鵡向下飛掠而過黑色鉅廈寶石綠的羽翼剎時穿過困在
Downtown 裡的我自車塵中仰視的眼簾
啄木鳥沿高速公路一一穿鑿行道樹不放過任何一棵地尋找食物並
築巢的可能性
畫眉定時出現於每天早晨搭乘公車的街角鳴叫四種不同曲調後離
去
在無法養活任何一隻鳥類的城市鳥於這世界只是一則隱諭
我在這世界無法飛翔不能歌唱但鎮日生活生活生活
生活生活生活在這世界於是世界便消失成一則隱諭
像鳥類消失於我的城市我也消失於鳥的世界
一切只剩下
隱諭

——乾坤二十期

往日

朔星

不打傘的天空很高
長大後才明白
你為什麼出門披一件舊衣服

雨　越下越不簡單
跟人們的願望正好相反
你的面容模糊成雨幕

模糊在一張受潮的照片裡
生活總是這樣：
急雨大叫卻穿不透土層
而細雨無聲
把黑土研成飄香的濃墨

——乾坤十四期

影子

賈羽

我不知道這該叫什麼顏色
黑、紫、藍，還是白
也不知道這有什麼意味
在旅途中將我緊緊跟隨

一言不發，卻也不孤獨
聽慣了我那碎雜的腳步
或輕盈地任由我把它
在泥濘的韻角上踐踏

也許它真的不寂寞
至少有一個人相伴著
即使無法表露喜悅或憂傷
即使自己縮短又拉長

它是惟一忠誠於我的朋友
直到泥土掩埋住我觀望的窗口

——乾坤三期

以鳥的名義超過火焰的高度

空夏

然而我　在冬天的風中
又一次抵達桅杆的邊緣
畫板的上方
也擠滿寫意的馬蹄

分明感覺到一種注視
正突破輪迴的旗語
當夜半飄灑的雪
任荒涼的古鎮銀輝四濺

沿著生命的隧道
在風中　這冬天的光芒
竟返視血液內心
以鳥的名義超過火焰的高度

像晨跑時邂逅霧中的燈
朦朧地加快誰的誘惑
而在臨近的時刻
曙色塗抹大地　曠野青翠

難以言說的溫柔
詩稿中省略的一節
如果滄桑是最好的詮釋
然而我　為什麼卻看到殘忍

——乾坤十八期

如果妳是一句命題，我要冰雕

李進文

1

我用一畝田換來海角天涯
不要再餵我波西米亞，我怕胖！
妳說：詩在骨子裡最怕被懷念。
可是夢將妳的靈魂戲弄成什麼樣子？
「把一生都刻在身上
仍比不上一截枯木被白蟻蛀了一個黑洞。」妳說

詩人被帶往天堂時，每次
恰巧銀河打烊，敲敲門
如果來開門的是以前的我
我敢走進去嗎？

如果我不再耕耘
怎麼將飄泊栽種成妳愛吃的水果？

2

妳問我：水果有靈魂嗎？
為何咬一口就秋葉滿階
我的眼睛像市場一樣吵鬧，我的嘴
是空蕩蕩的攤位

我尚未將交易談好
妳的眼睛為我生出一窩貓

3

天空沈重像一頭大灰象
突然擔憂天堂離我們太近……
若要分離，從妳的眸遠行比較好呢？
還是從灰燼！

雨停時，妳的臉上昇為
一顆飲露而思索的大柳橙

4

如果妳是一句命題
我要冰雕了。
汗水尚未滲入紫色內衣，就已化作一尾鯖魚
如何隔著皮革手套，證明我
已經握住戀人的手？
薰衣草搔逗鼻頭，一個小小的噴嚏將我
自妳的肌膚吹落

我如何證明哪一顆塵埃是妳的語言、妳的
無限的肉體？
妳的血在體內尖叫，如果
如果我聽見，下次在掏空妳的時候
一定不會以月亮當作利刃

我不是從妳的髮誕生
請原諒我不知道妳曾如何溫柔地撩撥我
我成長、我戀愛，純粹以鐘聲、以飛翔
以貓的背影為食物

一隻波斯貓不會比妳的謊言還要溫馴
愛妳的勇氣來自於一群全然失控的野牛
牠們堅實的蹄，將句點踩凹
凹進我的心

—乾坤十八期

富春山居圖

陳素英

也許有更寬廣的河岸
將笛聲傳之遼遠
也許因悠悠的鳥鳴
帶來天地的寬闊
當千般的嘈雜紛沓遠去
也許寂寥清廓難免

但只想以笛聲的細緻
為河岸的風景勾勒
那圖形不必設色敷影
唯漁樵能聞
　　能識

當歲月如水
高聳的山線都化作淡墨
　　　與隨筆
一切濃鬱　揮灑　回峰逆轉之勢
隨遣與　隱入終極圖旅中

——讀元黃公望富春山居圖

——乾坤十三期

世界末日

野鬼

這麼多年
你向世界推銷自己
像一個政客
更像一個情場老手

這麼多年
你和世界相互獻媚
像一對演員
更像一對同性戀者

噢，這麼多年
世界和你同床共枕
你對世界卻一無所知
噢，這麼多年
天堂的風鈴像一個醉鬼
在時光隧道搖來晃去

——乾坤十四期

日本梅雨

田原

1

愛吃梅子的日本人攀到樹上
搖落一樹青梅
如梅的雨點
便扑嗒嗒下個不停

2

梅雨像一件濕濕的青衣
它輕輕地披搭在裸體的島上

3

渴望被淋透的島
渴望被梅花瓣埋葬的島
在傘下悸動著發出浪漫的叫喊

4

流動的傘多得像雨點
紛紛揚揚凋謝的花瓣像雨點
在日本人的手中
傘是沐浴著雨開放的蘑菇
它們一半以上都帶有毒素

5

在梅雨淋不到的地方
幾乎都擺放有醃製好的梅子
紅紅的像是一滴
島鹹鹹的淚水
被昂貴地出售

6

梅子很難在梅雨裡成熟
梅雨又很難在梅子成熟後結束
梅子的青春是在一個季節裡喪失殆盡的
它皮膚的光芒變得黯淡
茸茸的毛倒伏在柔軟的皺褶裡
緊裹著硬硬的核

7

梅雨過后，梅子硬硬的核
像一塊從天外飛來的隕石
它在金屬的垃圾桶裡泛起聲音

(1999.1.12寫于日本)

—乾坤十期

雪在空中呼嘯……

文愛藝

雪在空中呼嘯
無處覓食的小鳥
何處是你的方向

大地真是渺小
小小的你
竟無處躲藏

在疲憊的身影裡
獵人揮舞著長槍
悄悄地向你瞄準

——乾坤十六期

十二月・紅茅草屋

林野

照亮草屋的火光
是一盆燃燒的木炭
酒後的家人已沉沉睡去
我感到有裹足的腳向小屋靠近
昏沉的目光中　祖母的慈顏
溫暖的手　在夜空裡倍顯溫柔

十二月　寒冷的天氣凍裂皮膚
我聽見祖母在窗外的嘆息　落地有聲
春天距離不是很遠
祖母想進屋很難

紅茅草屋　這住了幾輩人的草屋
在冬天格外溫暖
一陣風狂　我沒找著膝枕的腦袋突然清醒
窗外的腳步聲由近向遠
我走向窗口　雪地沒有一行腳印
記憶盡頭　祖母又瘦又小的背影

讓我噙滿了懷念的心情
又痛苦又幸福

——乾坤十五期

水世界

——首訪大阪海遊館有感

方群

翻過堤岸，只剩
不見五指的黑
重重將我包圍
左衝右突之後
卻驚見一面幽遊的水牆
敞開裸露的胸膛
將我包圍

左側是鯨鯊的紋身
右臉是鮫龍的眼神
伏底的魟鰈
與大大小小的水族符號
迅速填滿我所有的網膜晶片
拷貝，複製
那些曾經想像的歲月

然後是許多讚嘆的氣泡
紛紛地湧出黝黑的長廊
隨著早已遺忘時間的親潮與黑潮

漂浮在波光粼粼的港灣裡
譜寫著生命的另一種
悸動

——乾坤八期

夢花庄碑記

劉正偉

千禧年的黃昏
一顆百年前沉思的巨石
長滿青鬚
坐在後龍溪畔，欣賞
秋意在芒花海上的波動
如浪濤，不停的湧來
翻飛也好
夢花也好

騎著暈黃的單車
探訪後龍溪畔
小河白髮的百年心事
等著的或許有魚、有蝦
或許有辮子，有日本鬼子
還有曾祖父蹣跚的腳步
我沿著河流的源頭回溯
踏尋原鄉深秋蒼茫的意境

再待一會兒，你將看見

滾動的夕陽隨著斑斕鐵馬
沿著河堤的環市道路
緩緩的轉進了縱橫的阡陌
染熟了金黃的稻穗
遍灑在玉清宮旁的曬穀場
稍不注意，就會被曲折光陰
幽暗暖昧的巷弄拐跑
跑進曾祖父依稀蒼白的銀絲
正與金黃的餘暉和飄揚的芒花
在巷弄中邂逅而翩翩起舞
一起闖入一八八九年的芒花叢裡
鮮紅的「夢花庄牌坊」記載著開庄(註)
立縣、安身立命的喜悅
由父親滴落我臉上的熱淚，傳遞曾祖父
移殖到我憧憬桃花源的腦海
竹籬笆圍繞的世外理想國
斜陽裡的芒花，翻飛著夢境邊緣的意象
春麻糬的木杵聲還在土屋牆腳邊迴盪

滔滔溪水傳來不絕的採茶山歌
　在金碧輝煌的夕陽餘輝中
　　從山巔茶園流盪溪谷
再沿著與芒花共舞的顛躓舞步
一路跳向先民最初的願景

再待一會兒，你將看見
　一顆沉思百年的巨石
　　長滿青鬚
坐在後龍溪畔，欣賞
秋意在芒花海上的波動
　　　翻飛也好
　　夢花也好
如浪濤，不停的湧來

註：苗栗縣政府爲紀念於一八八九年設縣，於民國七十一年七月，立一座牌坊於僑育國小北側，記述其事：「苗栗城池，在貓狸之夢花庄，（舊名芒花庄，俗名黃芒埔）。光緒十六年知縣林桂芬諭派紳民環植荊竹（代替城牆），周圍一千餘丈……」

※本詩爲第四屆苗栗縣夢花文學獎新詩首獎

—乾坤十九期

日月之外

紫鵑

黃昏五點十三分月亮淡灰白
橋在前　風谷在右
眉睫自深鎖中打開
夕陽追逐在後

我們在日月交界三號公路
急促的呼吸聲
間斷了風景
逃離車窗外

從指縫飛翔的路啊
等著將人世淹沒
緩緩一握的手
卻也釀出白晝後符咒

沉默被夜擄去了
跨越邊界　可是火熱

02/06/2001 初稿　02/08/2001 定稿

—乾坤十八期

鬼針草

紀小樣

祖父年輕的墳上，長滿
咄咄逼人的鬼針草
牠們是長年茹素的
祖母消瘦的指節
以野性的鬚根穿透腐朽的棺蓋
日夜吸吮著墓室裡殘存的
皮肉，骨血與精氣
在每一個月色黯淡的夜晚
勃發的情欲恣意孳長
釋放噴薄而出
生命中最惡毒的詛咒

清明時節的最後一天
我們到祖父的墳上　除草
腳下是泥爛了一地的　中國的
貞節牌坊，而黏在我們褲管上的都是
鄉人們腥臭冰冷的痰
以及隨地瘋長的
帶刺的道德

—乾坤十七期

夜讀史後求醫

王宗仁

這沈默的可恨
歷史，越抓越癢

從頭皮癢到腳趾
從近代史徽到民國史
從破皮的慈禧　　抓
到遠世凱的迸裂出血
甚至，啊！從
執政黨抓到在野黨
這無法癒合的遍體腥紅……

老師說唯一的治病藥方是：
早晚輕輕塗抹一層
眼淚。微笑。忍住，別
抓

—乾坤十三期

在橋下

——為一年老的計程車司機而作

徐國能

駕駛過飛馳於橋上的歲月
曾經我也主宰過自己
但青春的車資只付給河一樣蜿蜒
秋日午后一般幽靜的時間

而今斑白如我　用一生熟背
整個城市的毛髮、體味與臟腑
（多像一首詩的密度與質量）
那是我相許一生的愛，我的妻……
停電的颱風夜依然熟悉地握完每一條手
我有我發光的方式　當眾人徬徨
翻找掉陷在記憶裡的燈火

容忍關節炎並善用義肢　城市生活
接近於終日愛撫彼此缺殘
我也平凡地與這個軀體相互習慣，漸至吻合
每夜，嘆息緩緩擴張的表面積
越過時間與河水　佔滿荒蕪彼岸
我的夢中

但不再有方向了　生命依然跳錶
我們綠蔭的夢此刻相互依偎且逐漸糾結
那是午寐的風傳來打樁的鋼鐵聲
那是我一生的埋藏
在橋下……

——乾坤十五期

拋物線的不完美形式

陳靜瑋

只有手榴彈飛出完美的拋物線
只有

戰火烘焙的
堡壘很硬，屍體很軟

戰勝的希望掩埋不住遍野的屍體
血水也滅不了燃起的哀嘆

只有家鄉的回憶擁有窈窕身材
只有

砲聲豢養的
權力太肥，笑容太瘦

才數到兒時的歡笑就被榮譽喚醒
勳章卻換不回遺失的夢境

擔架從電視螢幕裡抬進我眼中
刺鼻的　屍體的鄉愁

—乾坤二十期

霧落的時候

李雲楓

霧落的時候
沒有聲音
樹在路邊孤獨的站著
望著另一棵樹

霧落的時候
世界這樣平靜
站了幾個世紀的墓碑
還這樣站著
沒有人在這時死去
沒有人在這時誕生

霧落的時候
沉睡的生命都沒有醒來
石頭擠壓著石頭
寒冷擠壓著寒冷
樹就這樣站著
像它們死去時一樣

霧落的時候
這裏什麼都沒有發生
墓穴敞開著它的腹腔
冬眠的衣服躺在那裏
像上個世紀一樣的躺在那裏

霧落的時候
水都停了下來
霧可以看到自己的面孔
那麼蒼白

——乾坤十四期

沉默

丁威仁

沉默，從嬰兒的口中誕生
像玫瑰在歌唱
像陌生人濃稠的鼻音
也像夢遊者，哭泣

打開未命名的包裹
沉默變成死亡的旁白
當醃漬的憤怒突圍
多少疼痛都比被愛直接

證書都不須要動詞
恨，是昂貴的水費帳單
在吻痕搬家後
地址，性別不詳。

—乾坤二十期

進度

李長青

公理與正義總是遺失正確的焦距
良知的底片經過長時間修剪終至殘缺
公開道歉的過程依然
建構著權力遊戲的規則
所謂輿情不過是吃完就NG的
點心
（還記得我們吃點心時
　那愉快的神情嗎）
社會像是一個擅長詮釋
悲劇角色的老演員
導演信心十足地
掌握觀眾流淚的進度

—乾坤二十期

在健身房

鯨向海

我們已經決鬥過了
在健身房
鹹濕的汗水
如炸藥毀壞一切
重新拼湊堆疊
我的靈魂我的肉體
城市方圓百里的戰火裡
這是唯一的磐石和迫擊砲
在優雅的滑雪跑步機上踢正步
彷彿千萬里路
才起跑也就是終點了
彈性地板上的集體遊行
恰巧有一聲喘氣是來自我的身體
在按摩浴缸中裸裎相對
朋友，我其實從未認識過你
我是這樣的一個會員
在一個時代輝煌的晚風中
專注於
胸腹肌理的造山運動

走出健身房
剛剛被清洗過的肉身
繼續有風雨聲排闥而至
疲憊與孤寂
就這麼一天天壯大起來

—乾坤二十期

女魂七月

林怡翠

月河，被我抓起來繫住
風老是進來就迷路的長髮
我梳理自己如同梳理漸漸弱去的雨絲
你仍是仰望日光的屋簷

此時，冥紙已燃燒成潮熱的
七月
女鬼們結隊進城去挑選男人的姓氏
好坐入神主牌那張熱門的冷板凳
我卻貧窮如一縷爐煙，就連
日夜跟隨的身影，與種種昨日也沒有
白幡如同春暮的楊柳，偶然也是
雲朵剝落下年老角質的碎屑

我推卻了生前那個彩色的空曠，卻走入
另一個黑白的空曠
除了一座小小的山巒，如哺乳時的乳頭
無邪的勃起
於是母親餵食初生，墳塋餵食死亡。

水燈追逐著倒影，和孤魂們雜亂發出一句句
濕冷的道別
而我追逐為你插上以後又掉落的簪花
在菩提樹下打坐
七情六慾連連打嗝的回聲

歷史總是流失前朝，我流失你
死亡卻流失於來世
來世，請讓我投生成最堅硬馬蹄
君臨你柔軟的草皮最無知的
護衛
或者以跳蚤最甜美的腳步復仇你
直至，天地在一夕間崩毀
你是我最恆長的
泡影。

——乾坤十七期

寄草食性恐龍

——祭草食性的你的愛情

蘇青

電話線和你的聲門狼狽為奸
你的唇，竭盡所能地做出展圓的變化
低元音轟轟地升，響徹九霄
尖銳的高元音劃破耳膜

就在轉角，電話筒變成了窩囊的擴音器
替你宣讀破碎的愛情
我知道你已是燒開的熱水壺
過燙的悶氣，想讓那人去油鍋做一趟旅行
你把身上的泥，全都抹上那人的臉
自己的粧，卻糊的十分猙獰

我知道　我什麼都知道
我知道每個人都知道
在一個日光溫馴，週末的早晨
狂吼聲，鬧翻每個人的夢
而我由吼聲得知
那只是一隻草食性恐龍定期的活動
當所有人以慰藉的言語

替你的愛情編寫祭文
我是一隻懶得翻身的、冬眠的蛹

——乾坤十七期

幸福，嚴禁出口

楊宗翰

「掛電話是為了不想見妳
不想見妳是為了想見到妳」
這些話比 生活淡，比紙鈔輕
離美一大段距離且比詩乾淨
（如一粒軟糖依戀口舌喉鼻
——想像是妳）

不顧心頭豪雨
我將堅持如頑石般拒絕剝落的話語
手持僅存龍骨的殘傘
在人間行吟，眾多無關係的字句……

——乾坤十八期

憂傷

木焱

我把疑惑夾在書的中間
前往深淵上的浮萍
我扭開了妳
給晨光的微笑
意向的影子
載浮載沈
或許會有孩童經過
擲予妳抓不住的亂石
緊張之餘
我闔起了眼前的
一切
只剩憂傷
還在書頁裡
微微凸起

——乾坤十七期

下班後的儀式

林德俊

遠遠望見家門
信箱吐出舌頭，啊
一疊疊的帳單
張口吞沒日光的尾巴

瑣事守衛生活
蛻去的一層皮癱在洗衣籃
和攀附髮絲的人情煙味一樣
待洗

懶得洗，還是
怕記憶乾淨得嚇人？
那些狂瀉如瀑的句子住著一隻刺蝟
刺得自己一身傷

突然我被洗成一顆無稜無角的小石
中年人，連抽煙的姿勢都很老
因為染上迂迴這壞習慣而氣喘吁吁
雖然追求是一直戒不掉的癮

疲累在水族箱裡游來游去
街上的車聲和流浪狗的叫聲搭乘
一再重複的電視新聞殖民在
一盤五味雜陳的傍晚

飯桌上歲月的碗筷聲叨叨絮絮
小孩的吵鬧聲是家常菜
一顆飯粒從嘴角滑落，那
出走的童年

每晚我和妻努力洗碗
就這樣洗掉一個年代
滔滔水聲中明天
忽遠忽近

忽遠忽近，撥開時間
當年仍駐足妻熟睡的臉頰
噓……別讓牠飛走，那
蝴蝶般的承諾

我用詩把自己削尖
刺向夜
讓滲出的星光為一天的儀式句點
人生，是否因此精鍊起來？

——乾坤十三期

給你

林婉瑜

給你我的耳朵
讓你俯聽音樂
給你我的視覺
讓你找到光
給你我的嘴唇
讓你仔細啃噬
給你我的貞操帶鑰匙
讓你把它投入河中

給你這些
給你那些
最後
我變得太輕
被風吹起
再緩緩地墜毀

——乾坤二十期

毛毛，已經是別人的情人

劉益州

毛毛，已經是別人的情人
春天的時候
看兩隻蝴蝶在北半球飛舞
我彷彿置身在一風雪冰封的石壙
沒人來敲我的門

很多事，恰似前生
但我還記得
記得微笑、記得牽起她的手
記得擁抱、記得接吻時那樣的羞澀
笑我……
彷彿是女媧補天時留下來的痕跡
五色石的，缺

很多事，恰若前生
但我還記得
像她的容顏
她頭髮被風吹起的樣子
多少次暮色浴她離去的落寞影子

而她，已經是別人的情人
春天的時候
看兩隻蝴蝶在北半球飛舞
我彷彿置身在一風雪冰封的石墳
但我心想：
她依舊動人。

似一朵罌粟花
不論被擱置在哪裡，
都同樣美麗

——乾坤十八期

房間

楊佳嫻

窗戶影印著光
鳳尾草盆栽靜靜坐在陽台上
揮霍著有限的風

時鐘躲在牆角講電話
青春期的女生那樣
秘密交換某一首詩的汗臭

備用鑰匙還藏在鞋櫃裡嗎
生鏽的門閂是不是解僱了呢
唯一確定的，是多年以前吐出的蘋果核
已經枝葉扶疏

你送給我的畫掛在東面牆上
紅色沙灘越出銅框但是
沒有任何海浪拜訪的留言
就好像太久沒洗的馬克杯
記憶的茶渣糜爛著

倒掉了還會留下一圈霉
標記我們曾經停格的那個水位

——乾坤十七期

天使之書

陳雋弘

1

每天晚上十一點
我就退化為一隻耳朵
只剩下聆聽妳呼吸裡
花開微弱聲響的能力

2

而飛翔是什麼呢？
我總在即將觸摸到雲端時
又毫無原由的墜落

原來這世界擺滿了鏡子
我奔向前去
妳卻一直站在我的背後

3

逛大賣場時，
我用佔地近千坪的心
呼喊妳的名字
卻遲遲找不到出口
可以結帳

——乾坤二十期

關於一扇門的三種告白

甘子建

告白之一：人生

（我是否只能是一種過程？）

介於開始或關閉
介於出口或入口
介於門裡或門外
之間，再也沒有
另一種選擇……

告白之二：存在

（他們看得透門裡門外？）

對於那些存在主義者而言
其實只要隨便瞥我一眼就能斷定
「我存在，故我在」

以一條蛛絲兩片不透明玻璃
以一雙冷冰冰的眼睛

告白之三：孤獨

（我是孤獨的嗎？）

全世界只有我這麼一扇模樣的門
也就別怪我有時候會感到
孤獨了

——乾坤十五期

輯二　古典詩詞

棄井盦詩鈔

方子丹

九十書懷

一

人海昂藏不內慚，壯遊早遍九嶷南。
窮經永憶弘文館，作記能追老學盦。
勝景探殘詩可止，綺懷銷盡賦何堪。
自憐蕭瑟同庾信，逸思篇章夙所耽。

二

頹齡怕作當年夢，兀坐支頤未入眠。
已識榮枯隨世轉，留將妍醜任人傳。
回思遁跡曾辭闕，孰料投荒遂暮年。
顧影自慚無一可，惟餘狷操尚能全。

——乾坤九期

諒公詩鈔

趙諒公

千禧年感春詩　八首錄三

聽殘杜宇客思歸，立盡斜陽意總違。
我有春心還瀲灩，一時都乞紫毫揮。

其　二

人人爭慶千禧到，我到千禧意轉傷。
為問春明舊花柳，百年風雨幾興亡。

註：春明泛指世界各國都城，如南京、北京、巴黎、柏林等是，於上一世紀中均因戰禍或政變而數易其主。

其　三

九十年華冉冉過，問春消息總蹉跎。
平生長是天涯客，不及江南入夢多。

——乾坤十四期

山行

投老居城有百憂，相攜同闢草萊遊。
胸無星斗凌虛志，身向巉巖斷處留。
未見仙靈營窟宅，但悲人物臥荒丘。
最憐泉水揚長去，多少清流變濁流。

——乾坤十五期

答凌立博士

年來消渴病相如，氣誼交親跡竟疏。
三月鶯花羈客夢，一天風雨故人書。
繞階雞鶩爭餘食，起陸龍蛇正伺予。
我自違言君莫笑，勞生原不樂夷居。

——乾坤五期

八九生日述懷

老去情懷賸百憂，西風殘照獨登樓。
詩因憤世難逃俗，花到開時始識愁。
海氣迫人如夢魘，民哀動地若為秋。
江南一賦添蕭瑟，庾信當年念故丘。

——乾坤十六期

辛巳年感春詩一律

歲歲芳時戀物華，風塵依舊滿天涯。
枉拋九秩將枯淚（註），來灌三春欲謝花。
飄盡柳綿人意倦，聽殘杜宇客思家。
不甘流水匆匆逝，願乞雕戈反日斜。

註：拙詩曾有句云：「閱世漸枯雙淚眼，回頭空負九旬身」。

——乾坤十九期

梅盦詩詞

廖從雲

太魯閣峽谷九曲洞

奔車卻曲擾詩腸，隱隱輕雷習習涼。
削壁排空天作界，鑿空連徑石為梁。
穿岩但覺時明晦，繞峽焉知路短長。
一水潺湲溪自語，洞深疑是白雲鄉。

——乾坤十一期

燕子口佇望燕歸來

分明岩壑綴星河，道是當年燕子窩。
疑聽呼雛傳軟語，未看拂影掠輕波。
啣泥有待歸華屋，結綺無妨託碧蘿。
惆悵家山消息杳，舊時門巷竟如何？

——乾坤十一期

沁園春 謁屈原宮

風雨連朝，荼蘼老盡，梅子初黃。悵登樓王粲，無心作賦；懷憂賈傅，著意疏狂。夢裡神州，客中海嶠，望故山猿鶴何方。凝眸久，但舊盟鷗鷺，聊共持觴。　長滋九畹蘭芳。縱時俗從流亦自傷。念斯人憔悴，天胡可問，莊嚴廟貌，俎豆馨香。哀郢曾吟，懷沙獨詠，留得高風山水長。登臨處，正艾旗蒲劍，迎日飄揚。

——乾坤六期

沁園春　關渡宮詩會紀盛

瓊島時和，蓬瀛歲熟，鼉鼓初傳。羨靈山凝秀，林泉入畫，如詩勝境，翰墨深緣。畫壁雕樑，巍峨殿宇，更沐恩閎閣高懸。凝眸久，喜舊盟鷗鷺，雅共吟邊。　長懷廣濟飛仙。有聖跡，流芳及大千。念安良護國，鴻猷顯赫，莊嚴廟貌，福地洞天。萬水歸堂，清流普渡，衍澤餘波匯巨川。登臨處，正噴珠唾玉，寫入瑤編。

——乾坤六期

哲生詩鈔

宋哲生

殘燭

閃鑠西窗下，影搖百態生。
光寒心內熾，腰細掌中輕。
歷受風塵劫，那堪露水情。
更殘人入夢，垂淚到天明。

——乾坤十期

老松

崢嶸一古松，屹立半山中。
張臂迎雛雀，挺身抗勁風。
徒悲皮剝落，無奈骨疏鬆。
猶有凌霜意，心餘力不從。

——乾坤十期

謁秦始皇陵

鬱鬱驪山草，長眠秦始皇。
焚書坑異己，爭霸滅強梁。
陶俑千年現，邊城萬里張。
中華成一統，功過細評量。

註：秦始皇陵在陝西臨潼縣驪山之麓。自一九七四年起，在陵墓東側，發現兵馬俑坑，埋有數千具真人大小之彩繪兵馬俑，排隊列陣，展現軍容。

——乾坤十一期

迎千禧年

時若舟航一葉輕，無休無歇向前行。
歷朝興替雲煙過，萬種創傷歲月平。
且慢回頭悲逝水，應先額手慶新生。
漫長黑夜終將盡，千道霞光照眼明。

——乾坤十三期

薑桂堂詩

晏天任

迎接廿一世紀

廿一世紀將臨，回顧以往，展望前途，深有所感；能不誌之於詩，一解客中沈悶耶？

幼遭國難兼家難，老滯他鄉當故鄉。
物極常嫌身是累，窮堅益許壽而康。
百年幾度看殘局，舊雨無多隔遠洋。
展望公元新世紀，太平有象飲壺漿。

——乾坤十期

幽居即景 二首

麒麐艸若碧紗籠，綠映芸窗樂在中。
長日看花春睡起，妖嬈最愛海棠紅。

其 二

鬧市難閑地一弓，蒔花無過兩三叢。
不知今日成何世，鍾鼎山林色相空。

——乾坤六期

慰沈君文稿失竊於途

文風鼎盛數常州，話到雲林最可謳。
方喜有君勤作記，忽驚成稿竟遭偷。
窮塗迷惘江湖險，淑世深沈意志遒。
等是能拋身外物，心香一瓣亦千秋。

註：沈君文稿爲倪雪林隱逸記。

——乾坤十一期

壽清塵先生七十

棘院蘭臺譽蚤隆，巋然三立德言功。
恢張王道昌詩教，潔淨心靈挽世風。
八體俱工惟隸古，一塵不染幾人同。
遙知杖國多餘興，好就時英話楚雄。

——乾坤十期

稼雲詩稿

龔嘉英

碧潭懷舊次師橘堂大雅韻

雲端寂歷閃寒星，臘近依然樹色青。
夾岸樓臺銜暮靄，懸崖燈火認茶亭。
春波昔共琴樽樂，夏夕嘗聞草木馨。
應有魚龍潛未醒，屢思泛月弄簫舲。

——乾坤四期

述陶公悠然見南山詩意

淵明采菊東籬下，在深秋夕陽返照中，偶被廬山南阜之明麗景色所吸引，故有悠然見南山之句。

深秋美景集南山，嚮往柴桑夕照間。
散錦餘霞明反射，投林倦鳥接飛還。

——乾坤五期

憶成都工部草堂

一

丁年入海尋煙霧，昨歲穿雲到錦江。
一別草堂秋又晚，難忘花竹映晴窗。

二

巴蜀因公愈著名，公於巴蜀富深情。
蜀中代有英豪出，潤澤猶如水月清。

三

浣花聖蹟垂千祀，不朽詩篇集大成。
假手功名非上策，須憑慘淡自經營。

——乾坤六期

霖園詩草

夏國賢

無　題

年邁何須嘆歲遒，韶華自古不容留。
夕陽在嶺紅將斂，月夜憑欄望斗牛。

——乾坤十四期

遊日月潭涵碧樓

樓名涵碧聳潭端，波翠嵐青壯景觀。
俯瞰遊舲隨浪湧，漁歌互唱晚風寒。

——乾坤十四期

題畫魚

堤畔垂楊葉嫩柔，群鱗鼓鬣逐波游。
浮萍綠藻隨風盪，綺景瑰奇尺幅收。

——乾坤十四期

戎庵詩鈔

羅尚

二十一世紀履端喜艷陽高照作詩寄藥樓教授

澒洞風塵一百年，轉教科學著先鞭。
詩壇寂寞詞流老，海市浮飄歲序遷。
打劫棋枰難下子，變商琴譜怯揮絃。
履端欣喜驕陽滿，願得光華數日延。

——乾坤十八期

其二

歲華流矢去駸駸，滿目山高海水深。
籌筆既然無管樂，作詩重與學高岑。
三杯濁酒當窗飲，百本幽蘭繞舍尋。
相約謳歌新世紀，白頭還是壯夫心。

——乾坤十八期

題北京吳柏森詩老鴻爪集

仙山縹緲水迢迢，萬里徵題到緯蕭。
輦下文章吳季重，詩壇位置霍嫖姚。
交遊海內存鴻爪，旅泊天涯望斗杓。
潤色明時興禮樂，識君心事在漁樵。

——乾坤二十期

淡如詞長輓詩

都門吟社仗扶持，事業陶朱最愛詩。
百國游蹤收卷帙，千秋定有大名垂。

其二

對酒論文夢已迷，生天福壽看全齊。
箕裘累世家聲遠，唐史功勛有品題。

——乾坤十八期

仲揆詩鈔

楊仲揆

重九登觀音山望海即事

自許清狂似散仙，不辭杖履陟危巔。
風輕蝶戀黃花地，日暮霞飛紫燕天；
秋入疏林無落葉，潮來漲海有歸船。
側身絕頂睥睨望，老子登高壓少年。

——乾坤一期

題尼加拉瀑布攝影

萬谿奔雷驟一丘，漱珠拋玉下寒流。
飛湍激霧迷潭影，懸鑑天浮照客愁；
真有雅懷搜雅趣，更多奇技寫奇湫。
高堂素壁聽泉響，如此風光好臥遊。

——乾坤一期

重遊梨山

飆輪越澗響輕雷，小謫塵寰亦快哉；
翠岫有情人未老，青山無恙鶴歸來；
雲濤白捲千峰雪，霞綺紅煨萬樹梅；
更向嶺頭觀彩瀑，五雲飛霧照花台。

——乾坤二期

遊北海公路小憩貓鼻頭口占（二首）

三貂嶺上雲迷樹，貓鼻頭前浪疊峰；
著個詩人崖上立，狂吟奇句下天風。

其　二

北海天低雲似霧，南漠潮急浪如峰；
無端歌哭成詩句，驚起鵬搏萬里風。

——乾坤二期

宇屏詩

張宇屏

登黃鶴樓遇雨

幾行雲鶴認巢還，我亦歸來叩漢關。
玉笛樓中吹一曲，霏霏細雨滿江山。

註：樓中有時年九十劉海粟撰書聯：上聯爲：由是路，入是門，奇樹穿雲，詩外蓬萊來眼底。下聯爲：登斯樓、覽斯景，怒江劈峽，畫中天地壯人間。

——乾坤五期

櫻　芽

耐歲寒梅出大家，龍魂變種吐櫻芽。
而今恨識東君面，等似胡兒又亂華。

註：重遊宜蘭太平林場，梅林已成櫻林，可嘆！

——乾坤十四期

辛巳上巳雅集

陽明秀色引吟驂，約取驪珠好共探。
入室孤芳花第一，流觴勝會月初三。
登場各見詞鋒健，破陣全憑筆戰酣。
底事妖姬傾國調，斜風細雨夢江南。

——乾坤十九期

竹杖

笛弄梅花連夢遠，人投竹杖化龍飛。
詩心酒膽肩明月，笑指江山試一揮。

——乾坤十四期

興漢詞

余興漢

西江月

世事宛如春夢，人生恰似飄萍。功名利祿不關情，成敗是非難論。　最喜窗前月滿，還憐院後花明。觀花賞月趁黃昏，明日陰晴莫問。

其二

紅粉知音未遇，相思有夢難尋。花開花謝獨關心，好夢由來易醒。　富貴原非所願，功名本是浮雲。毋庸苟苟復營營，還我怡然本性。

其三

往事未堪回味，多情翻似無情。閒來無那亦哦吟，未若怡然適性。　白髮豈吾獨有，紅顏願約三生。兩情相悅喚卿卿，忘卻桑榆已近。

——乾坤一期

菩薩蠻

鄉思縷縷歸心急，中原一髮雲山岌。今夜宿長沙，斯心亂若麻。　娣兄相擁泣，淚盡青衫濕。畢竟喜重逢，猶疑在夢中。

其　二

一杯在手情難已，此生難得傾杯醉。親友盡歡顏，皆因人已還。　田園雖易主，鄉誼濃如許。往事勿重提，重提心益悲。

其　三

斯人縱感獨憔悴，重逢總是心歡喜。各自邀還家，家家酒肉賖。　伊人終未嫁，獨守成空話。今日果言歸，歸來人已非。

——乾坤一期

袖山樓吟稿

鄧璧

水月

水天相映雨如如，西墜東升不稍居。
有窟臨流猶隱兔，疑鉤沉底足驚魚。
每隨蕩漾光頻閃，一任飄颻影自舒。
太息世情多變幻，怕從滄海看盈虛。

——乾坤八期

蛙聲

擾人清夢到深更，閣閣傳來井底聲。
所見小時天亦小，料他不是為公鳴。

——乾坤七期

詠菊次稼雲詞丈韻

纔過中秋又晚秋，黃花開處好勾留。
煙凝冷艷迎眸傲，風送清香撲鼻柔。
倚杖何嫌三徑僻，攜樽合對一籬幽。
陶潛去後知音少，我為耽吟老更遒。

——乾坤九期

江沛詩鈔

江沛

丁丑除夕

耆年容易歲云徂，檢點行藏惜故吾。
為復國雠曾擊楫，自慚才拙尚吹竽。
天邊誰忍雲遮日，世道何容紫奪朱。
飲罷椒觴寒已盡，好迎春色到蓬壺。

——乾坤七期

詠竹

碧玉千莖繞檻栽，衝寒抱節伴松梅。
翠梢直欲凌雲去，香實行將引鳳來。
今日虞妃猶有淚，當年秦簡惜全灰。
莫言枝幹長清瘦，能傲冰霜是上材。

——乾坤十期

賞月放歌

年年桂魄逞瓊姿，不道征人鬢已絲。
邊枕那堪尋舊夢，樞庭誰為釋群疑。
運移鼎祚寧無憾，義責春秋尚有辭。
倘使蟾光連兩岸，秦皇漢武或堪追。

——乾坤九期

戊寅暮春送龍人俠詞長返蜀

誰謂崎嶇蜀道難，雲程萬里任扶摶。
峨眉俯瞰峰猶雪，灌錦旋探水尚寒。
歸去定多親舊熱，吟成休負酒杯寬。
詩翁自是鄉情重，好把家園仔細看。

——乾坤七期

雪滋詩稿

陳明卿

題　畫

爭得千金買釣台，餐霞飲露樂悠哉；
一竿伸向滄波裡，欲把乾坤釣起來。

——乾坤十七期

乙酉重陽感賦

自笑年年底事忙，端陽纔罷又重陽；
秋來夜半添新課，起視兒曹怕著涼。

——乾坤十七期

思　鄉

引領臺灣峽，狂風捲浪高。
幾疑章貢水，到此作波濤。

——乾坤十六期

觀　草

細雨春三月，平蕪翠浪迴，
分明生意動，偏道是風來。

——乾坤十五期

樂　浴

偶效春沂浴，前賢此興豪，
風無掀浪力，我自作波濤。

——乾坤十五期

檢點新作

新詩情境好，每讀自躊躇，
恐襲前人句，重溫舊日書。

——乾坤十五期

晚吟樓詩鈔

王　幻

山居逸韻

小樓環翠竹，垂釣一溪雲。
為覓宜人句，應刪媚世文。
草幽蝴蝶夢，風擺柳絲裙。
木葉飄秋韻，蛙聲隔水聞。

——乾坤十七期

閑詠

人生難得老來閑，信步徜徉山水間。
歇腳時偕雲共坐，歸途喜挽月同還。
吟成古韻敲詩句，面對新醅解笑顏。
飲到半醺渾忘我，何須調息叩禪關。

——乾坤十六期

丁丑春雨遣懷（大年初二）

漫敲詩韻雨聲催，冷抱冬心春始回。
為愛雙釵憐乳燕，每當獨酌怯深杯。
畫成翠葉風生竹，思到寒香雪壓梅。
換了人間歸一夢，家山不見舊三槐。

註：故宅昔有老槐三株

——乾坤五期

《安縵室詩詞》讀後抒感

得吟安縵集，文采舊知名。
詞譜張三影，詩推王十朋。
教傳中外士，融化古今情。
相遇靈山會，佳章待品評。

——乾坤五期

從龍詩稿

林從龍

喜赴戊寅端午海峽兩岸詩學交流研討大會

排空馭氣入蒼冥，俯瞰中原一髮青。
歲序戊寅添虎翼，人如癸丑會蘭亭。
欣聯兩岸炎黃冑，同吊三湘屈賈靈。
留得珠璣千萬斛，藍天碧海耀文星。

——乾坤八期

姜太公釣魚台

清澈磻溪繞釣台，文王曾此訪賢來。
鷹揚八百諸侯會，鼎定千秋偉業開。
演義至今傳故事，安邦從古仗英才。
一篇遇合風雲史，莫作攀龍附鳳猜。

——乾坤五期

探錫崖溝大峽谷

喜赴陵川作勝游，沉逢雲淡一天秋。
穿崖石洞迂迴下，撲地閭閻次第收。
雨蝕風侵沉錦谷，雞鳴犬吠出芳洲。
此行倘約陶彭澤，定有奇文寫錫溝。

——乾坤十八期

與譚根源兄談詩

漫道文章價太輕，好詩一字值連城。
南朝多少煙中寺，唯有寒山負盛名。

——乾坤八期

國裕詩稿

張國裕

遊板橋林家花園歌頌林園之美

林園景色美堪謳，似海門深翠欲流。
遠近來青留眼底，萬千往事湧心頭。
天涯客夢家山渺，壁上詞華歲月悠。
不盡人間興替感，振衣拾級強登樓。

——乾坤二十期

其二

歷經鳩占蹟猶陳，修復於今美奐輪。
池畔涼思榕蔭綠，樑間午待燕聲親。
新痕鴻雪來騷客，舊夢鶯花憶古人。
園邸竣工垂縣史，風光重展板橋春。

——乾坤二十期

弔屈原

手展離騷憶國殤，汨羅逝水感茫茫。
吟思澤畔魂應在，節屈天中興轉長。
蒲艾有恆懸五日，詩詞無替引三湘。
帶些惆悵江頭望，競渡龍舟賽夕陽。

——乾坤二十期

賀母校大龍峒公學校（現北市大龍國小）百週年校慶

菊徵萬壽艷迎秋，百載稱觴萃勝儔。
伏櫪未甘來老驥，營巢卻喜換新鳩。
有情天地書香詠，無恙江山鐸韻遒。
畢竟綱常名教地，孜孜汲汲勉勤修。

——乾坤二十期

紀遊詩

徐世澤

午夜太陽（挪威）

太陽午夜在天空，北角光芒耀眼紅。
永晝奇觀山雪美，海鷗伴客舞寒風。

其二

草木不生野意新，雲霞映雪艷無塵。
岬高風暴添寒氣，午夜讀書不用燐。

——乾坤四期

註：一九九七年六月二十七日及二十八日，在挪威北角親見午夜的太陽。

峽灣（挪威）

雪峰翠谷映清流，山色湖光傲北歐。
兩岸懸崖千丈瀑，幽奇峻美不勝收。

——乾坤四期

鬥牛士自嘆（西班牙）

人獸相仇殺戮場，黃沙染血近痴狂。
鬥牛譁眾終須老，卻嘆兇殘勝虎狼。

——乾坤十期

盧森湖（瑞士）

盧森湖水平如鏡，畫舫彩帆盡興遊。
草綠山明飛薄霧，恍如西子在歐洲。

註：西子指中國西湖。宋詩有「若把西湖比西子」句。

——乾坤十期

鏡乳石洞（斯拉夫）

蜿蜒入洞通幽處，鬼斧神工景象奇。
舞影琴聲多幻化，似人似物任君思。

——乾坤十期

以仁詩稿

張以仁

秋日偕內子遊陽明山（八首錄二）

余居台北四十餘年，遊陽明山數矣。年輕時登此山，但覺人面花光，繁華而浪漫，其時也，有夢如詩。今年近七十，對此山如對舊友，非刻意愛其樸質避其腴美也，愛擇秋晴佳日，賞其浮華過後清麗之姿；愛與內子循步道以觀暮靄，入幽徑以追往跡，踽踽而悠悠，徘徊以躑躅，此時也，則有詩如夢矣！

其四

鯉魚池外百花鐘，偷換流年滴翠峰。
青動秋風生萬樹，飛雲如馬瀑如龍。

其八

向晚蟬嘶醉莫聽，聲聲誰惜舊時情。
暮雲層起西風動，山樹如濤那得平。

——乾坤四期

回首

回首煙塵亂，前林晚景明。
貪痴心百煉，煩惱路多經。
青鬢原無價，紅顏自有情。
當年憐一笑，甘苦共平生。

——乾坤七期

元宵陳願

渾若昇平樂，燈花暮復朝。
杯盤辭舊歲，歌舞鬧元宵。
地變忘餘悸，人爭有巨潮。
但期新政出，雨順更風調。

——乾坤十五期

梅庵詩

李梅庵

庭前造景

群峰來自植石，分列庭前兩側，峰底則環以淺泓，石潤苔生，花木亦得其所需，天地唯小，然則森羅萬象。

陡坡拾級似登梯。咫尺雲天路欲迷。
縮地猶能添勝景。俯身自可見端倪。
跟前屢貌千般小。眼下群峰萬象低。
頑石陣横皆瘦峭。一邊參錯一邊齊。

其二

萬物化生無棄材。景觀全自手中來。
迴林不長墻頭草。穹岫猶懸嶺上梅。
座座青山環碧水。堆堆翠石染蒼苔。
風光撩眼庭前落。小道蓬門左右開。

——乾坤十九期

雁訊

霜凌草木一天愁。充耳蛩音噪不休。
送冷西風侵紫閣。避寒塞雁落蒼洲。
春秋錯度隨來往。南北横飛任去留。
濁世殊多矰繳在。勸君險處莫輕投。

——乾坤十九期

感懷

賤軀萍託尚堅頑，山外青山幾度攀。
縱目難窮千里遠，息肩已得一身閒。
最能久抱離鄉恨，偶或強開遊子顏；
如畫風光好無限，萬般不若老家還。

——乾坤二十期

醉佛詩鈔

蔡秋金

夢機教授招飲即席賦呈　二首

解酲五斗笑劉伶，揮塵機鋒勝讀經。
電話叨邀名士宅，文壇又燦酒旗星。
量如泉湧罍無恥，筆有神通句轉靈。
獨羨幽居冬日暖，引人山色入簾青。

註：罍恥，酒盡也，元稹詩：瓶罄罍偏恥。

其二

賭碎樽罍擲野凫，吟旗高卓水雲區。
才多賓客歸蓮幕，味好溪山付笋廚。
落筆真同天地闊，敲詩未許性靈迂。
春風座上無塵垢，一室芝蘭萃大儒。

——乾坤十四期

寄懷長沙諸詩盟

坐擁書城對酒瓢，屋樑落月又今宵。
離愁爭逐春潮滿，野水平添客夢遙。
無那流光換蓂莢，更堪夜雨打芭蕉。
年來未盡還山計，淚眼江天望去橈。

——乾坤十四期

江城秋思

楓林斜映夕陽朱，四顧秋光似畫圖。
籬畔幽香元亮菊，客中鄉思季鷹鱸。
清流終竟留清譽，大智誰知若大愚？
亂世荒濤那在眼，一樽風雨對江湖。

——乾坤七期

靜齋詩稿

范月嬌

懷舊

往事頻頻入夢中，滿懷淒楚望蒼穹；
再難共賞芭蕉雨，只許孤吟翠竹風；
山上杜鵑啼落寞，樑間燕子話情衷；
天高水遠雲深處，試問夫君可與同？

其二

月明人靜感宵長，山野微風幾許涼。
遙望仙蹤邈何處？新州空闊霧茫茫。

——乾坤十九期

雨夜偶感

夜半驚聞雨打荷，一窗寒意襲輕羅。
挑燈讀罷登樓賦，欲飲醇醪誦九歌。

——乾坤十三期

賀王甦教授榮退并序

辛酉仲秋，我從日本返國，窮困潦倒，饔飧不繼，當年為圓留學美夢的雄心壯志，頓時消失殆盡，頗感後悔莫及。幸天無絕人之路，經熱心的學長杜松柏先生引薦下，認識當時擔任夜間部中文系系主任的王甦教授，從此使我在事業暨學術研究方面獲得很大的轉機。在淡大的十八年間，他對我的關心、指引，寸衷誌感，豈可言宣？《左傳》有句話說：「微夫人之力不及此。」我不正是如此嗎？在他屆齡退休之時，無以回報，謹賦一詩以賀之，詩云：

治史揚才識，吟詩寄性靈。
滿園桃李盛，榮退見溫馨。

——乾坤十二期

遙寄

秋風瑟瑟雨瀟瀟，蓬島新州萬里遙。
此夕心懷千百種，江淹別賦也難描。

——乾坤五期

鯤天吟稿

張夢機

記六和塔

戈船銷盡霸圖無，百里平望此塔孤。
圻地江流來匯海，際天嶺樹遠侵吳。
野風不斷吹華髮，詞客初來弔故都。
欲起錢王問興廢，四青晚柘接荒蕪。

——乾坤八期

夜歸

襲袂寒流入夜增，懸天老月照丘陵。
久拋文案三千牘，又見山樓十萬燈。
河嶽九州徒在夢，窮通一念澹於僧。
車過橋上孤城近，認得軒窗薄霧凝。

——乾坤十期

煙雨

煙雨空濛濕晚炊，苔痕漸看上階滋。
窗前水氣全歸袂，杯裡茶香半入詩。
庭草綠從人去後，鵑花紅到燕來時。
故園春色應無恙，剪韭畦邊定有誰。

——乾坤三期

自況二疊尋陰韻奉答戎老

大名厚祿倦追尋，斂欲當年鄙吝心。
已失驊虞非往日，慣陪落寞是微吟。
蹇驢不信能行遠，短綆何須更汲深。
螢幕消磨閒歲月，早忘惕厲惜分陰。

——乾坤十六期

睡起

午雲絮白山蒼翠，睡起炎陽尚在天。
溽暑一樓蒸夢熟，繁蟬三夏叫愁先。
無端往事縈心上，再酌殘詩到枕邊。
禹甸臥游千萬里，浙湖秦月秣稜煙。

——乾坤十六期

冬至有感

誰能潑墨畫滄洲，按曲猶歌水調頭。
句好愈增詩境界，雲頑自占夕山邱。
晴鳩閒鷺尋常見，丹橘黃橙取次收。
至日襟情如粉餌，都教湯火迫沉浮。

——乾坤十八期

惜餘齋詩鈔

林正三

江城秋望　九二一地震後

扶筇獨自上江亭，放眼蒼茫任醉醒。
紆結情懷縈北渚，支離樓閣憶東星。
望中秋水猶銜咽，劫後西風盡帶腥。
蓬島山川陵谷變，騷辭何以慰生靈。

——乾坤十四期

三清宮遠眺

三清聖境結仙緣，也學諸神覽大千；
龜嶼半圭雲外壯，梅湖一曲望中妍；
太平可愛山兼水，幽靜宜參道與玄；
暫息塵機看野鶴，應疑身在蕊珠天。

——乾坤十五期

謁淡水龍山寺

為瞻寶相訪珠林，磬韻悠悠蕩素襟；
殿閣輝煌凌滬尾，香煙馥郁繞觀音；
慈航遍渡三千界，慧炬長明百世心；
覺路禪機得參透，不妨物外發清吟。

——乾坤十七期

庚辰重九

鵾城正是菊花天，歲值庚辰集眾賢；
文武相資賡勝會，主賓交契締深緣；
不妨美酒連宵飲，冀有新詞百代傳；
兩岸同心情愈切，扢揚風雅敢辭肩。

——乾坤十七期

笠雲居詩鈔

劉清河

閒居漫興

門前擾攘市聲譁，不礙禪修養慧芽。
念佛一心求淨土，讀書終日坐煙霞。
療飢鍋下陽春麵，祛暑夜煎青草茶。
誰謂劉郎生計拙，午窗消受竹風斜。

——乾坤十六期

辛巳元旦試筆

喜神頻報到，曉日映青蔥。
人在紅塵裡，心居淨土中。
雲霞時變幻，阻礙總能通。
世紀春光洽，和平降海東。

——乾坤十八期

有感

世間名利已無心，獨隱山中讀古今。
漫道詩人偏固執，騷壇難覓是知音。

——乾坤十五期

詠古宅

曾經名一世，舊苑剩殘鴉，
野草無人識，空庭自作花。

——乾坤十五期

畫說臺灣

畫我家山寫我詩，說詩談畫憶當時。
臺陽風物君能記？灣水桃花不盡思！

——乾坤十五期

蘇杭雜詩

陳文華

一

遙天歸鶴疑猶夢，斷水投鞭信已非。
四紀龍爭森壁壘，一朝通驛探芳菲。

二

香車相待千年久，雨過西泠月色侵。
水珮風裳蹤跡渺，應憐無物結同心。

註：蘇小小墓原在西泠橋畔，文革時毀卻。長吉詩云：「無物結同心。」古今同慨。

三

湖上女兒全勝花，分明玉面更生霞。
春來若待花光染，始信春深在若耶。

註：杭女雪面霞頰。太白詩：「玉面耶溪女」僅道其一耳。

傳安詩鈔

胡傳安

溫妮颱風掠境感賦（古風）

賀伯惡魔夢未消，溫妮妖女又招搖。
呼風喚雨頻肆虐，洪流滾滾浪滔滔。
閘門阻塞無由泄，水漫山莊四野號。
母子三人遭滅頂，天昏地暗怒咆哮。
士林莊園夢初醒，天崩地裂土石傾。
舉家霎時遭吞沒，獨存孤女苦零丁。
天倫夢斷向誰訴？風雨交加珠淚盈。
林肯大郡建山坡，高樓櫛比似蜂窩。
沙岩鬆軟水滲透，基礎深陷莫奈何。
地動山搖樑柱斷，死傷枕籍雨滂沱。
百戶災黎陷絕境，天人永隔起悲歌。
天災人禍交相應，聖嬰降臨災難多。

——乾坤四期

奉和　朱所長詠蘭原玉

生長深山谷，無人亦獨芳。
歲寒移竹舍，春暖佩羅裳。
葉影窗前映，花香室內藏。
案頭常作伴，夢入武陵鄉。

——乾坤十一期

敬和恭祖詞長山行有感原玉

結伴春遊影不孤，芒鞋竹杖覽神都。
金龍寺裏紅梅發，五指山頭烏鵲呼。
古木參天雲化霧，清流漱石水成珠。
嵐光泉韻登臨意，極目層巒似畫圖。

——乾坤十五期

九二一集集大地震哀歌

百年罕覯地牛翻，集集巨震七級三。
凌晨撼動成噩夢，地搖山崩俄頃間。
綿綿翠峰如刀削，禿禿黃塵變荒山。
轟然巨響徹天地，路斷橋裂巨露頑。
凌霄高樓齊腰折，屋圮墻傾樑柱坍。
市鎮全毀遭活埋，天人永隔淚潸潸。
死傷逾萬浩劫慘，一夕烏有情何堪？
災戶露宿缺衣食，受困親人祈生還。
斷腿殘肢不忍睹，屍壓亂礫問蒼天。
美麗山城為煉獄，草席裹屍橫路邊。
天倫夢碎家園毀，焚燒金箔化飛煙。
中外媒體頻報導，慈濟義工率當先。
炊飯燒水送溫暖，菩薩心腸皆稱賢。
舉國上下策群力，紛紛解囊慨輸捐。
馳赴災地載物質，人溺已溺心相連。
營區開放容災黎，國軍萬人著先鞭。
空中騎旅解民困，每每起降越山巔。

海鷗翱翔飛峻嶺，巾幗英雄大任肩。
國外紛組救難隊，萬里飛來未曾眠。
膽識過人赴災區，身入地底屋下穿。
生命偵測搜救犬，義行感人不遲延。
台中王朝顯奇蹟，南韓尋獲六歲男。
萬頭鑽動掌聲起，人間孤雛惹人憐。
國際友人樹風範，訓練有素眾口傳。
災後適逢中秋節，無心賞月慶團圓。
梵音超度焚香紙，思念故人淚滿衫。
刁民參雜災戶中，冒領資源露貪婪。
事權統一不容緩，緊急命令急速頒。
官僚習氣宜收斂，政客嘴臉令人嫌。
天災人禍交相應，快刀亂麻立除姦。
撫慰餘生揚大愛，會同朝野事共參。
鑑往知來家再造，規畫周詳履深淵。
浴火重生全民願，協力同心共勉旃。
萬千感慨心沉痛，不計工拙留詩篇。

——乾坤十三期

心月樓詩

陳慶煌

壽趙諒公先生九秩華誕

憂時憫亂欲誰陳，自有鴻文覺世人。
佳句清奇秋是骨，雅懷疏朗玉為神。
孟光情好閒怡性，呂尚才高晚隱身。
青眼厚吾詩酒共，正期一醉祝千春。

——乾坤十二期

放風箏

悠揚意氣欲擎天，直上還憑一線牽；
自是有材須掌握，不教高處止峰巔。

——乾坤十七期

觀海

風中好個浪推移，鷗鳥忘機戲水湄。
別起豪情視滄海，此身曾是弄潮兒。

——乾坤二十期

坤堯詞

黃坤堯

南歌子　昆明黑龍潭賞梅柏杉茶四絕

黑水祠潭古，蒼林織雨愁。元杉宋柏越崇樓。擬化飛龍騰躍去還留。　媚韻唐梅俊，蟠根點翠毯。明茶傲骨挹風流。喜見一園四絕足千秋。

前調　金殿感陳圓圓遺事

大夢誰先覺，零淚搵羅巾。佳人無復楚腰身。合向太和金殿駐元神。　蝶翅翩翩舞，山茶脈脈春。一年花事一番新。解道紅顏碧血化奇珍。

定風波　偽滿皇宮

遍野哀鴻毒恨長。難堪左衽易華裳。傀儡生涯揮不去。迷處。共榮荒話太猖狂。　同德勤民殘破盡。悲恨。煙飄鴉片誤紅妝。樹影森森群鬼看。驚見。平民新塑溥儒郎。

陳墨詩稿

陳墨

返鄉

青山隱隱識歸人，十載慚余客子身。
壯志已隨年事改，餘生唯願樂天倫。

——乾坤十五期

村趣

水繞山環似畫圖，枝頭好鳥遠相呼。
一杯春茗兒時趣，鄉老伊誰識故吾。

——乾坤十五期

鶴仁詩選

黃鶴仁

菊

為愛淵明醉酒時，漫嫌彭澤棄官遲；
只今花落無人管，借問秋風知不知。

其　二

山人不識有陶公，不識陶公愛菊衷；
直道西風涼意好，黃花那可比西風。

——乾坤十五期

秋日南望

底事年來一覺空，南天望盡倚西風，
關河寂寞塵寰裏，身世飄搖似轉蓬。

——乾坤十八期

維仁詩鈔

楊維仁

白河蓮花節

婆娑萬頃碧無邊，點點緋紅秀色妍。
十里香風拂人醉，銷魂最是白河蓮。

其　二

東畬西畝盡蓮塘，處處幽姿處處香。
幾度流連看不厭，頻收倩影入詩囊。

——乾坤十六期

次韻《「古典詩園」網站留題》寄懷允中學長

十載暌違念舊遊，南盧夢憶未曾休。
昔年狂客今何在？落拓江湖恐白頭。

——乾坤十八期

師大附中憶往

景色依稀似昔前，青春一去十餘年；
曾經熱血翻騰處，往事居然記不全。

——乾坤十七期

台北夜遊

閒跨輕車夜色中，漫天酒綠與燈紅；
繁華街肆聲光炫，我自忝哉逐晚風。

——乾坤十七期

拜覽陳暉仁兄攝影集

栩栩花容妙寫真，翩翩蝶影細傳神；
怡然運鏡凝幽韻，藝卓情深一雅人。

——乾坤十七期

附錄

詩人傳略

現代新詩部分　詩人傳略

紀　弦：本名路逾。江蘇揚州人。一九一三年生。蘇州美專畢業。一九四九年至台，執教於成功高中。退休後，一九七六年赴美。一九二九年開始寫詩，迄今詩齡已超過七十年。一九五三年創辦《現代詩》，一九五六年組成「現代派」，提倡「新現代主義」，給與詩壇以極其廣大而深遠之影響。著有詩集《摘星的少年》、《飲者詩鈔》、《檳榔樹》（甲、乙、丙、丁、戊集）、《晚景》、《半島之歌》、《第十詩集》、《宇宙詩選》等。詩論與散文則有《紀弦詩論》、《新詩論集》、《紀弦論現代詩》、《小園小品》、《園丁之歌》、《千金之旅》及三大冊之《紀弦回憶錄》等。

鍾鼎文：一九一四年生。安徽舒城人。畢業於上海中國公學大學部及日本京都帝國大學。曾任大學教授、報社總編輯、國大代表及自立晚報、聯合報、中國時報等主筆達四十年。歷任中華民國新詩學會理事長、世界詩人大會會長及世界藝術文化學院院長。著有詩集《行吟者》、《山河詩抄》、《白色的花束》、《雨季》等，並出版英文詩集《高原》，法文及荷蘭文詩集《橋》，德文詩集《乘雲》、《人體素描》等。

張秀亞：一九一九年生，二〇〇一年去世。原籍河北省滄縣（今黃驊縣）。畢業於輔仁大學西洋語文學系，後考入該校史學研究所。先後任教北平輔大、重慶益世報編輯、台中靜宜大學及台北輔仁大學，教授翻譯及文學課程二十五年。

張女士十四歲開始寫作，著譯作品達八十餘種，千萬餘言。其文字圓融清麗，廣受海內外讀者喜愛。多篇作品選入國中教科書中，影響深遠。所著《北窗下》、《三色堇》、《牧羊女》、《湖上》等均暢銷一時。由於張女士對中西文化交流之貢獻，美國國會特將這位被譽為美文大師的我國作家、詩人之生平事蹟列入國會紀錄，其作品亦為美國國會圖書館及各大學永久收藏。

周夢蝶：河南淅川人也。民九農曆臘月廿九日生。省立安陽初中畢。曾為小學教員、圖書管理員、書店店員、陸軍工兵下士等。著有詩集《還魂草》一種。今八十二歲矣。

胡品清：一九二一年十一月生，浙江大學英文系畢業，巴黎大學博士班現代文學研究，現任台灣中國文化大學法國文學研究所教授。

她是中、英、法三聲道作家及翻譯家。除互譯外，也寫詩、散文、短篇及評論。她各種創作及譯述共計七十餘冊，分別在台灣、紐約、巴黎出版。

她的英文代表作是：《李清照評傳及英譯〈漱玉詞〉》、《漫談中國古典詩詞》。法文代表作是《文學漫談》、《文學論文初步》、《惡之花——詩自傳》。

她重要的譯著是：

A・中譯法：《中國古詩選》、《中國現代詩選》、《中國上古史》、《戰國學術》、《孔學今義》。

B・法譯中：《波法利夫人》、《二重奏》、《她的坎坷》、《巴黎的憂鬱》、《情人》、《如歌的中板》、《法蘭西詩選》。

至於她的創作，大部分已由北京市圖書館設專櫃收藏。一九九七年，她榮獲法國政府頒贈棕櫚飾學術騎士勳章。

她的雙語新書預告：《法國文學雙語賞析》，是一本內容相當完備的法國文學介紹，以及《英文書寫範本及解析》。

薛林：

一九二三年五月十八日生。寫抗日抗戰詩，集成《帆影》、《愛的故事》詩集。隨後以良知師法大自然，寫散文、小說、新詩、兒童詩、幼兒詩。集成《童稚心靈皆是詩》、《童稚心靈的空間》幼兒詩論詩集等三十餘部。作品入選英、美、印、韓、日、葡等國世界詩選。兩岸各種詩選近二十部。曾出席西柏林、舊金山、洛杉磯、劍橋、巴塞隆納國際藝文會議。列名英美傳記文學名錄。獲頒世界詩人和平獎、劍橋ＩＢＣ之鑰。

屠　岸：一九二三年生。江蘇常州人。曾任人民文學出版社總編輯。現為中國作家協會全國委員會名譽委員、中國詩歌學會副會長、《當代》文學雙月刊顧問。著有《萱蔭閣詩抄》、《屠岸十四行詩》、《屠岸詩選》等。譯有惠特曼詩集《鼓聲》、《莎士比亞十四行詩集》、《濟慈詩選》及南斯拉夫劇作家努西奇的諷刺喜劇《大臣夫人》等。

夏　菁：本名盛志澄，浙江嘉興人，一九二五年十月生。美國科羅拉多州立大學碩士。一九五四年與余光中及覃子豪等發起藍星詩社，數十年來寫作不輟，出版詩集「靜靜的林間」、「噴水池」、「石柱集」、「少年遊」、「山」以及最近的「澗水淙淙」、「回到林間去」等七種；以及散文「落磯山下」、「悠悠藍山」以及「夏菁散文」等三集。現卜居美國，仍在「美國世界日報」、台灣「中華日報」以及「藍星詩學」等報刊繼續發表詩文中。

彩　羽：本名張恍，一九二六年十二月四日出生，湖南長沙人。寫作年代甚長，曾加盟「現代派」，目前為「創世紀」詩社與「海鷗」詩社兩社同仁。著有詩集：《上昇的時間》，《不一樣的溶雪》，及散文集：《雪・一道萬里銀牌》等多種。現在台中市精武路開設「古今舊書坊」一店，過著書堆成的日子。

雪　飛：本名孫健吾，亦名光裕。一九二七年一月一日，出生於四川省酆都縣。醫師，並擔任《秋水》詩刊社副社長。其長詩曾分別獲國軍文藝金像獎（一九七八年），及青溪文藝金環獎（一九九〇年）。著有詩集《山》、《大時代交響曲》，詩論合集《滑鼠之歌》等。作品被選入多種選集。

羅門：一九二八年生。曾任藍星詩社社長、國家文藝獎評審委員、世界華文詩人協會會長。曾獲中國時報推薦詩獎、中山文藝獎、教育部詩教獎及菲總統金牌與大綬勳章並接受加冕。出版品有：詩集十六種、論文集七種、羅門創作大系書十種。作品選入英、法、德、瑞典、南斯拉夫、羅馬尼亞、日、韓……等外文詩選與中文版「中國當代十大詩人選集」……等近一百種詩選集。已出版六本評論羅門作品的書。

蓉子：本名王蓉芷。江蘇人。民國十七年五月四日生。曾擔任中國婦女寫作協會值年常務理事，青年寫作協會常務理事兼詩研究委員會主任委員、中山文藝獎評審委員、亞洲華文女作家文藝大會主席。曾獲國家文藝獎、中國青年寫作協會首屆金鑰文學成就獎、詩教獎、國際婦女年國際婦女獎，以及中國詩歌藝術學會「貢獻獎」。著作有詩集十七種、羅門、蓉子系列書八種。已出版三本評論蓉子作品的書。作品選入英、法、德、日、韓、南斯拉夫、羅馬尼亞等外文版詩選集。

向明：本名董平，湖南長沙人，一九二八年六月四日生。藍星詩社資深同仁，曾任藍星詩刊主編、中華日報副刊編輯、台灣詩學季刊社社長、年度詩選主編、國際華文詩人筆會主席團委員。曾獲文藝獎章中山文藝獎、國家文藝獎、世界藝術與文化學院授予榮譽文學博士學位。出版有詩集《雨天書》、《青春的臉》、《水的回想》、《隨身的糾纏》、《向明世紀詩選》等七種。詩話集：《客子光陰詩卷裏》、《新詩一百問》、《詩來詩往》等。散文集：《甜鹹酸梅》童詩集：《螢火蟲》童話集：《糖果樹》、《香味口袋》，中亞諸國民間故事集《走出阿富汗》。

文曉村：河南省偃師市人，一九二八年二月出生，台灣師範大學國文系畢業。美國加州藝術文化學院榮譽文學博士。現任《葡萄園》詩刊名譽社長，中國詩歌藝術學會名譽理事長。著有詩集《第八根琴弦》、《一盞小燈》、《九卷一百首》，詩評集《新詩評析一百首》、《橫看成嶺側成峰》，自傳《從河洛到台灣》等十多種。

潘　皓：筆名野農，安徽省鳳陽縣人，國立臺灣師範大學碩士。從事教學及社會工作之研究近四十年，曾任南亞技術學院、中國文化大學、東吳大學講師、副教授、教授等職，現任朝陽大學教授、中國社會工作協會及中國詩歌藝術學會副理事長。著有《哲思底視界》、《均富社會與經濟發展》、《中國社會安全制度之規劃與實施》及《中國社會福利思想與制度》等學術論著，頗受海峽兩岸學術界之推崇。在現代詩創作方面，曾著有詩集《微沁著汗的太陽》、《在莒集》、《夢泊斜陽外》、《雲飛處》及《雪泥煙波》，尚有《哲思風月》等集，亦將陸續出版。

徐世澤：江蘇東台（興化）人，一九二九年三月生。國防醫學院醫學士、公共衛生學碩士，曾赴美、澳、紐等國考察研究。十度代表出席世界詩人大會，足跡遍六十一國。出版中英對照《養生吟》、《詩的五重奏》。《擁抱地球》及《翡翠詩帖》等。曾任醫院副院長、院長、雜誌總編輯等。現任中國詩經研究會秘書長、乾坤詩刊社副社長。

秦嶽：本名秦貴修，一九二九年十二月生，河南修武人。曾做過大地、明道文藝編輯工作。現任文學街出版社副社長兼總編輯、海鷗詩刊社長。曾獲青溪文藝書法金環獎、中國語文獎章。中興文藝獎章。中國詩歌藝術學會理事，台中市青溪新文藝學會常務理事。著有詩集《夏日・幻想節的佳期》、《井的傳說》、《臉譜》，散文集《影子的重量》、《雲天萬里情》；論著《散文欣賞》，書評《書香處處聞》等書。

金筑：本名謝炯，貴陽市人，一九二九年生，台灣師範大學畢業，曾任軍職、教職多年。早年加盟詩人紀弦先生所組成的「現代派」，曾任

《黔靈報導》執行編輯，中華民國新詩學會理事。現任《葡萄園》詩社社長、中國詩歌藝術學會理事、世界華人詩人協會理事、三月詩會同仁。篤信基督，擅長新詩朗誦、舊詩吟唱及聲樂。尤對新詩朗誦有突破性創見及表現，曾在台灣和大陸各地朗誦。所到之處皆風靡，獲致嘉譽。著有詩集《金筑詩抄》、《上行之歌》等。曾獲中國文藝獎章及詩運獎等。

丁文智：山東諸城人，一九三〇年生，省立師校畢業。早期曾加盟紀弦的「現代派」。現為「乾坤」、「創世紀」詩刊同仁。作品包括詩、散文、小說。出版有詩散文合集《一盆小小的月季》、詩集《葉子與茶如是說》及長短篇小說集十餘部。

魯　蛟：本名張騰蛟。一九三〇年出生於山東省高密縣。曾任公職多年，現已自行政院新聞局主任秘書任上退休。早年曾參加紀弦的「現代派」。著有詩集《海外詩抄》、《時間之流》等。散文集《鄉景》、《溪頭的竹子》，以及《張騰蛟自選集》等二十餘種。有散文作品五篇先後入選國中國文課本及三民版的五專國文課本。曾獲文協文藝獎章、文化復興金筆獎、文化建設詩教獎。

大　荒：原名伍鳴皋，安徽無為人。一九三〇年生。少年讀過私塾。來台後在軍中過了二十年。後來轉任國中教師。著有小說《有影子的人》、

《火鳥》、《夕陽船》、《無言的輓歌》等。散文《在誤點的小站》、《春華秋葉》、《山水大地》、《巨人的行李》等，詩集《存愁》、《台北之楓》、《第一張犁》、《剪取富春半江水》及長篇敘事詩劇《雷峰塔》等。

宋穎豪：本名宋廣仁，一九三〇年生。河南襄城人。文學碩士。曾在軍中生活三十多年。退役後，在各大學講授美國文學、詩選、翻譯等課程。早於四〇年代後期即有詩作發表。自五〇年中期轉注於英美詩的譯介。著有《麥帥傳》、海明威研究及中國現代史論文多篇。譯有《詩經驗談》、《美國詩選》、《水晶詩選》，艾略特的《詩選》及《荒原》等。現任《詩象》詩社社長及中國文協翻譯委員會主任委員。

麥　穗：本名楊華康，浙江餘姚人，一九三〇年出生於上海市。一九四八年來台後，曾服務於林業單位和勞工團體。現任中國文藝協會副秘書長。曾獲頒中國文藝協會第卅五屆文藝獎章，第十五屆中興文藝獎。一九九〇年詩運獎，著有詩集《鄉旅散曲》等五種，散文集《滿山芬芳》等二種及詩論集《詩空的雲煙》等。

陳學文：字餘力，一九三〇年生，福建廈門人。國立台灣大學經濟學系畢業，留英研究。曾任第一銀行等金融機構主管，並曾兼任中國時報英文編譯、國外新聞室副主任等職。現任財團法人田家炳文教基金會執行秘書。業餘愛好攝影、書畫及詩詞文學。忝為乾坤詩刊社務委員近五年。影藝書畫曾應邀參加國內外展覽。詩詞文學創作譯述發表不多；重在欣賞學習、修心勵志而已。

張　朗：本名張領義，一九三〇年十一月（民國十九年農曆九月）生，原籍湖北孝感，現定居台灣省臺北縣淡水鎮。大同工學院機械系畢業。曾服役軍中，退伍後曾任教大同工商，現又退休。曾出版詩集《一千個希望》、《漂水花》、《淡水馳情》、《詩話江山勝蹟》及《心靈的腳印》等五本。曾主編《當代名詩人選》兩集、《當代愛情詩選》，暨《小詩瑰寶》。現任新詩學會及詩歌藝術學會理事。

邱　平：原名盧克其，一九三一年一月二十八日生，祖籍江蘇鎮江，寄籍宿遷；一九四九年來台；投身軍醫行列；一九五五年，與詩人陳錦標、王靖獻等共同創辦《海鷗》詩刊於花蓮；曾加盟紀弦發起的《現代派》；一九八一年自軍中退役；一九九七年加入《創世紀》詩社為同仁。著有詩集《密碼燈語》、《落花時節》、《邱平詩鈔》等。

張　默：本名張德中，安徽省無為縣人，一九三一年二月七日生，童年在家鄉讀私塾、簡師。一九四九年由南京經上海乘船到基隆，旋即參加海軍。一九五四年秋與洛夫、瘂弦共同創辦《創世紀》到今天。著有詩集《光陰・梯子》、《落葉滿階》、《張默・世紀詩選》等多種。並主編重要詩選集《新詩三百首》、《中華現代文學大系・詩卷》、《小詩選讀》等，對臺灣現代詩的耕耘，不遺餘力。

謝輝煌：民國二十年（一九三一）十二月二十三日生。江西省安福縣人。初中畢業。曾任台長、幕僚、專員、編輯等職。現為中國文藝協會、中華民國新詩學會等會員，暨三月詩會同仁。曾出席第二屆及第十五屆世界詩人大會。作品有散文、新詩、傳統詩、時論、詩論及詩歌賞析，散見兩岸三地及新加坡等地報刊。出版有散文集《飛躍的晌午》（水芙蓉・民國七十一年一月）一種。

莊柏林：一九三二年生。台南縣學甲鎮人。曾任法官、檢察官、笠詩社社長。現任律師、總統府國策顧問、考試院典試委員、警察大學兼任教授、台灣教授協會會員、笠詩社、蕃薯詩社同仁。曾獲南瀛文學詩獎、鹽分地帶新文學貢獻獎。著有詩集《西北雨》、《苦楝若開花》、《莊柏林台語詩集》等。

碧　果：一九三二年生於河北省永清縣。著有詩集：《秋・看這個人》、《碧果自選集》、《碧果人生》、《一個心跳的午後》、《愛的語碼》、《魔術師之手與花》、《說戲》、及編撰中國大歌劇《雙城復國記》、《萬里長城》等。曾任《創世紀詩雜誌》編委、社務委員、副社長、社長等職。現專事寫作及插畫。

王祿松：海南文昌人，民國廿一年五月生，幼年隨母吳劍華女士誦經念詩唱歌，父亦民公授文章書畫及演講術。十四歲獲畫獎。十九歲全軍論文比賽第一。二十歲寫詩當日記。其後四十年間，陸續獲國家文藝詩獎、水彩畫創作文藝獎章等，共計四十六次獎，並獲美國世界藝術文化學院榮譽文學博士學位。畫展三十餘次，著作二十七部。

晶　晶：本名劉自亮，生於一九三二年九月四日，河南羅山人，浙江省立杭州女中畢業。服務軍職二十餘年，現已退休。現任葡萄園詩刊編委、三月詩會同仁、中華民國新詩學會及中國詩歌藝術學會監事。作品曾獲中國文藝協會第二十七屆詩歌創作獎章。著有長篇小說《春回》，短篇小說《火種》、詩集《星語》、《曾經擁有》等多種。

辛　鬱：一九三三年六月十三日出生於杭州市，初中一年學歷。一九四八年離家從軍，一九六九年退伍，二十一年軍旅生涯，培養了觀察事物，透視人性的能力，加以多愁善感，所以學習文學寫作，至今五十餘年，先後出版詩、小說、雜文、人物專訪等共十二種，但以詩為最愛。

一　信：本名徐榮慶，一九三三年出生於湖北漢口，曾任公營事業單位副經理。出版有《一隻鳥在想方向》等詩集六種。曾獲青年學藝競賽獎、詩運獎、詩教獎、文藝獎章及詩歌創作獎等。曾主編十餘種刊物，另曾主編選集多種，撰寫專題研究近二十種。現任新詩學會常務理事、文藝協會理事、詩歌藝術學會理事等。其新詩作品意象鮮活，重內涵、側重以藝術手法表現具體意含。

傅　予：本名傅家琛，籍福建福州，一九三三年生。自一九五二年至一九九八年任公職生涯四十六年。一九五三年於自立晚報《新詩週刊》第六十五期，發表了我第一首新詩〈走過去〉，一九五五年印行口袋型小詩集《尋夢曲》，一九六七年起因工作繁忙而停筆三十年之久，退休後適逢台灣「921」大地震，又開始塗鴉。千禧年組合了半世紀來的一部《生命的樂章》在二十一世紀的第一個春天出版。

藍　雲：本名劉炳彝（另有筆名鍾欽、揚子江等）。湖北省監利縣人。一九三三年生。曾任中小學教師三十餘年。結集出版的詩作有：《萌芽集》、《奇蹟》、《海韻》、《方塊舞》、《燈語》等。曾任《葡萄園》詩刊主編、《秋水》詩刊編輯委員。一九九七年創辦融合現代新詩與古典詩詞於一爐的《乾坤》詩刊，現任發行人兼總編輯。

周伯乃：一九三四年八月十四日生，廣東五華人。空軍通信電子學校畢業。曾任香港亞洲出版社駐台執行編輯，《中央月刊》編輯，《中央日報》副刊執行編輯，《實踐雜誌》總編輯，行政院秘書，文建會機要秘書，革命實踐研究院組長。現任《世界論壇報》副社長兼副刊主編、中國文化大學董事會秘書、中國詩歌藝術學會理事長。著有《現代詩的欣賞》、《中國新詩之回顧》等詩論、散文、小說、文藝評論集等二十八部。

李政乃：筆名白珩，台灣新竹市人，一九三四年生。十七歲開始寫詩，一九歲即有詩作在報刊雜誌上發表。著有詩集「千羽是詩」一種。

卓琦培：男，一九三五年一月生，南京人，祖籍安徽靈璧。農業科學技術工作者，副研究員。一九五七年發表處女作，作品以抒情短詩和散文為主，散見於海峽兩岸多種報刊，著有詩集《飄走的雲》；有詩被選入海峽兩岸二十多種選集或專集。現為《揚子江》詩刊發稿編輯，《綠野》詩刊主編，江蘇省作家協會會員，南京市作家協會會員。

浪　波：本名潘培銘，河北平鄉人。一九三七年十二月生。一九六三年畢業于河北大學中文系。長期在文藝部門工作，現已退休。一九五六年開始寫詩。著有詩集《鄉情》、《花與山泉》、《神游》、《春花秋葉》等多部及文論集《文談詩話》、《文譚百題》等。為中國作家協會會員，中國詩歌學會理事。

楊啟宗：一九三七年生為臺灣人，學說台語，日據時代被歸為日本人，學說日語，大戰結束還原為中國人，學說國語，如今臺灣加入WTO，將成為地球村人，不得不學說英語。然而，學了四種語言，我還是最喜歡詩的語言。

高　準：一九三八年十二月二十三日生於上海，祖籍江蘇金山。幼年來台。國立台灣大學及中國文化研究所畢業。曾先後在美、澳、紐各著名大學進修。曾獲選為英國劍橋大學副院士，美國愛荷華大學國際榮譽作家。曾任中國文化大學教授。曾創辦並主編《詩潮》集刊。所著詩已編為《高準詩集全編——附詩篇賞析選錄》於去年年底出版。其他所著有《中國大陸新詩評析》、《山河紀行》、《文學與社會》、《中國繪畫史導論》、《詳註中國古今名詩三百首》及《金山縣志外編》等多種。

朵　思：本名周翠卿，一九三九年八月出生，台灣省嘉義市人，嘉義女中畢業。著有詩集《側影》、《窗的感覺》、《飛翔咖啡屋》、《夢中音樂會》、《從池塘出發》及小說、散文多本。詩被翻譯成英、日、韓、德多種文字。曾擔任台北市文藝協會現代詩教師。

林煥彰：一九三九年八月十六日生，台灣宜蘭人。二十歲開始喜歡詩、畫，後來也喜歡兒童文學。已出版編、著作六十多種，作品部分被譯成近十種外文在國外發表，並出版有中韓英文、中泰英文對照本的短詩集《孤獨的時刻》，英文版圖畫書《嘰嘰喳喳的早晨》，韓文版圖畫書《流浪的狗》和《嘰嘰喳喳的早晨》等。

夏　威：本名謝信一，一九三九年生。柏克萊加州大學語言學博士。曾任清華大學中文系客座教授，台大外文系兼任教授，現任夏威夷大學東亞語文學系教授。好讀閒書，愛聽古典音樂。現時蒙大儒羅錦堂教授教導，研讀佛經，以期早日返樸歸真，寧靜喜悅。現為《秋水詩刊》同仁之一，著有詩集《小碼頭》（學海出版社），《無淚船》（漢藝色研出版社）。

涂靜怡：台灣省桃園縣大溪鎮人，一九四一年二月出生。《秋水詩刊》創辦人之一，也是《秋水詩刊》主編。得過許多文學獎，其中包括國家級的中山文藝創作獎及國軍文藝金像獎長詩第一名。著有詩集散文集《秋箋》、《畫夢》、《我心深處》等十三種。目前是中國文藝協會及中國新詩學會的常務理事。作品被收入歷屆世界詩選中。

張清香：一九四五年生於台南市安平。現為《乾坤詩刊》社務委員，「三月詩會」同仁、中國詩歌藝術學會理事。新世紀（二〇〇一年）出版個人第一部詩集《流轉的容顏》。年少愛詩，過了中年又重拾詩筆，才猛然驚覺，詩離自己這麼近，這般貼心，而寫詩是如此快樂又能感動自己的事。

大　蒙：本名王英生，浙江義烏人，一九四八年生。政戰學校影劇系畢業。現從事平面設計，為大蒙工作室負責人。曾獲中國時報文學獎新詩評審獎、中華民國新詩學會優秀青年詩人獎等。

蘘　華：祖籍四川省，民國三十七年十一月六日生在台南新營，畢業於輔大，曾任外文系助教，學生輔導中心輔導員、貿易公司負責人，台北榮總同心緣（乳癌病患輔導團體）負責人，現任雜誌編編輯，小白屋詩苑（童詩季刊）社長，中國詩歌藝術學會理事，中華民國乳癌病友協會監事，乾坤詩刊社社務委員，從事散文與現代詩的創作，其作品在承受新與女性文學思潮激盪的同時，也堅持傳統婦女的美質，呈現溫良、貞靜、秀美的藝術特質。著有作品集《情思、情絲》（三民書局，一九九七），詩集《花戀》（詩藝文出版社，二〇〇一），中英對照《蘘華短詩選》（香港銀河出版社，二〇〇二）。

談　真：本名談美華。台中縣人。散文與詩常見各大報刊。曾獲中國婦女寫作協會徵文佳作獎，優秀青年詩人獎。著有《使你活得更健康》一書。

台　客：本名廖振卿，一九五一年生，台灣省台北縣人，國立成功大學外文系畢業，現任職於郵局，係《葡萄園》詩刊主編，中國詩歌藝術學會理事。已出版詩集《見震九二一》、《石與詩的對話》等六本，主編台灣九二一大地震詩選集《百年震撼》一本。曾獲新詩學會頒優秀青年詩人獎、詩運獎，詩歌學會頒編輯獎等。詩作入選兩岸詩選集甚多。

鍾順文：一九五二年生於印尼雅加達。現任掌門詩社及港都文藝協會現代詩社社長。曾獲八十七年中國文藝獎章新詩創作獎及多次高雄文藝獎、國軍文金像獎、全國優秀青年詩人獎等。作品曾入選年度詩選、百家詩選、中華文學大系及日本、韓國、大陸的一些詩選集，並譯成英、日、韓文出版。著有詩集：《六點三十六分》、《放一把椅子》、《頭髮和詩》、《刺青的時間》等，散文集：《舞衣》、《H大調》等。

劉小梅：祖籍山東，一九五四年九月出生於台北市。輔大教育心理學系畢業，美國聖約翰大學亞洲研究所碩士。目前為中廣公司節目部新聞主編。著有散文、小說、詩集凡十餘書，曾獲「中國文藝獎章」、「優良青年詩人獎」、美國「傑出作家金鑰獎」、英國「金星獎」、「國際婦女獎」，世界「桂冠詩人獎」等。

鍾雲如：台灣桃園人，一九五四年九月生。台灣筆會會員、台灣詩人協會監事，一九八三年創辦《鍾山》詩刊、撰寫陽光社會福利基金會電視公益影片主題曲〈火中歸來〉、瑪利亞文教基金會電視公益影片主題曲〈不一樣的天使〉。著有詩集：《生命之樹》、《蒲公英的婚禮》等。編有優生保健等。目前為上慶傳播文化負責人及瑪利亞文教基金會董事。

陳紹新：男，一九五四年七月出生于貴州省榕江縣寨蒿鎮，中專學歷。一九八五年開始現代詩創作，先後在《詩林》、《星星》、《大風箏》、

《貴州日報》、《貴州民族報》等各級報刊以及香港《詩》雙月刊、菲律賓《聯合報》、台灣《現代詩》、《葡萄園》、《乾坤》、《笠》、《大海洋》、《海鷗》、《藍星》、《世界詩葉》等發表現代詩二〇〇餘首。近年又涉足散文詩、散文，發表散文詩一〇〇餘首（章），散文一〇〇餘篇。

陳　墨：原名陳聰欣，民國四十四年出生於台灣省嘉義縣中埔鄉。現任銓隆電子五金廠副總經理。雖讀工科，但自幼承父教，業餘酷愛文藝創作，又因多年從事工商旅居異鄉，總有生活上點點滴滴自然遺落在文藝之角。近作《陳墨的皺紋》即將出版，那是飄零異鄉，多少風雨肆虐，多少雪上加霜的情事。

顧　艷：女，一九五七年十二月出生，浙江省杭州市人，浙江大學中文系畢業。作家、教授，中國作家協會會員，世界華文詩人協會理事。主要作品有詩集《火的雕像》、《西子荷》，散文集《輕羅小扇》、《欲望的火焰》，中短篇小說集《無家可歸》、《藝術生涯》，長篇小說《杭州女人》、《疼痛的飛翔》、《真情顛動》、《我的夏威夷之戀》，旅美隨筆集《一往情深》等。作品獲多種文學獎，並被譯成英、法、日、德在海外發表。曾旅居美國生活和講學。一九九三年二月在海南島出席全國部分著名作家的「柳城筆會」，一九九八年九月在北京出席中國當代女性文學第四屆學術研討會，一九九九年七月隨中國作家協會代表團赴台灣參加兩岸女詩人學術研討會，一九九九年九月被浙江省評為一九四九至一九九九年五〇位當代傑出作家之一。現從事專業寫作。

張國治：民國四十六年（一九五七）五月生於金門。台灣師範大學美術系畢業，美國芳邦大學（Fontbonne University）藝術碩士。現任教於國立台灣藝術大學。為一多元藝術家，專業為繪畫、攝影、視覺傳達設計，兼擅詩、散文、評論等文字書寫。曾主編《新陸現代詩誌》，獲教育部文藝創作獎等國內外詩獎多次。著有《末世桂冠》等詩集、散文集、攝影集等共計十冊。

楊　平：一個愛詩的生活家。一九五七年六月生。喜好旅遊、思索，在簡單生活中，體驗自然、輕鬆、充實的人生。曾出有《空山靈雨》、《永遠的圖騰》、《我孤伶的站在世界邊緣》、《藍色浮水印》等詩集。現為創世紀詩刊社主編。

吳明興：民國四十七年（一九五八）生。曾入東方神學院研讀宗教哲學。先後受邀加盟葡萄園、腳印、四度空間等詩社，並歷任葡萄園詩刊主編及四度空間、曼陀羅等詩刊編委。已撰述散文四百餘篇，創作詩三千餘首。出版詩集《蓬草心情》。作品被選入百餘種文選、詩選。列名

《臺港澳暨海外華文新詩大辭典》、《中國現代抒情名詩鑑賞大辭典》、《中國現代文學大系》等書中。現任慧明出版集團總經理兼總編輯。

渥　鈍：本名林康民，一九六〇年一月一日出生於苗栗，現居汐止。中興大學園藝系畢業，英國諾丁漢大學國際關係碩士，現為公職人員。曾獲時報文學獎、詩路年度網路詩人獎。最近愛上星鴉這種神奇的變聲動物。

琹　川：本名洪嘉君，台灣省台南縣人，一九六〇年十一月一日生，輔仁大學中文系畢業，師範大學國文研究所。曾任文化出版社編輯、報刊、雜誌花藝專欄作者，現任教於台北縣立中學。秋水詩刊編委，秋水詩社網站駐站。著作詩集有《在時間底蚌殼裡》、《飲風之蝶》、《琹川詩集》，專著有《中國現代插花藝術》、《花道之美》、《格花入門》等。

歐陽柏燕：福建金門人，一九六〇年十一月生，曾獲優秀青年詩人獎，教育部文藝創作獎，台灣新聞報西子灣副刊散文獎、年度最佳作家小說獎、耕莘青年寫作會小說獎、散文首獎，出版有《失去季節的山丘》（小說集）《變心季節》（小說集）《飛翔密碼》（詩集），現任職於「國語日報」桃園語文研究中心。

陳克華：一九六一年生於台灣省花蓮市。台北醫學院畢業，美國哈佛醫學院博士後研究員。現任台北榮民總醫院眼科主治醫師。曾獲中國時報文學獎、聯合報文學獎、金鼎獎最佳歌詞獎、第一屆陽光詩獎、台北文學獎、台灣文學獎、教育部文藝創作獎等。著有詩集：《騎鯨少年》、《星球記事》、《砍頭詩》……，散文集：《愛人》、《無醫村手記》……，小說：《愛上一朵薔薇男人》等二十餘種。

朔　星：原名曾獻忠。一九六一年六月生。黑龍江省青年畫家、詩人。出版有《曾獻忠鋼筆寫生集》、《荒原九色花》（朔星卷）。詩與畫發表于《香港筆會》、《乾坤》詩刊、日本《亞洲詩壇》、美國《新大陸》詩刊、《北大荒文學》、《詩刊》、《中國收藏》、《雄獅美術》等。獲大陸第八屆全國藏書票大展優秀獎。韓國第五回國際書畫展金牌獎。北大荒文學優秀作品獎。

賈　羽：回族，一九六一年十月出生于北京市。一九八一年始發作品。著有《北國草》、《風起之源》、《立體的船舶》、《神游中國西部》等詩文集。一九九八年出席全國詩會。三次榮獲全國少數民族文學評論獎。現為寧夏人民出版社副編審，係寧夏作家協會理事、中國當代少數民族文學研究會理事。

空　夏：本名鄒榮柱，貴洲人。生于一九六三年五月，信仰基督。曾用鄒鷙、鄒戎著、榕翥等筆名在國內外各種書報刊發表詩作並入選多部詩選集。空夏的藝術主張：生命體驗、超越自我。一九八二年創辦「求索」學會；一九八六年成立傲曦文學社並任《傲曦詩刊》主編；一九八八年離職闖蕩海南；一九八九—一九九一年因「六四」入獄兩個春秋，現居北京，供職于中國社會調查所，業餘自由撰稿兼平面設計。

李進文：一九六五年三月九日生。高雄人，現居住台北市。逢甲大學統計系畢業。曾任職編輯、記者，現任職英業達明日工作室總編輯。著有詩集《一枚西班牙錢幣的自助旅行》、《不可能；可能》、以及散文集《蘋果香的眼睛》。曾獲聯合報文學獎新詩首獎、時報文學獎新詩評審獎、中央日報文學獎新詩獎、台北文學獎新詩評審獎、台灣文學獎新詩評審獎等。

陳素英：筆名墨韻，歷任銘傳世新藝術學院等校教職，目前任教中原大學。著有《文心雕龍對後世文論的影響》、《獻曲舞蹈的特質研究》、《王船山情景說研究》等，詩集有《墨韻集》等、詩畫集有《西行》等、有聲詩歌古典新聲系列，詩、歌、散文曾獲獎，並於藝術季展演。

野　鬼：本名張智，另用筆名雲中客。一九六五年三月十五日出生於四川省巴縣，祖籍重慶市南岸區。文學專士。先後從事過多種職業，現任國際詩歌翻譯研究中心主任、《國際漢語詩壇》季刊（中英對照）主編。

曾獲多種國際詩歌獎項，部分詩作被譯成十餘種外文發表。著有詩集三種，詩評集一種。

田　原：一九六五年十一月十日生於河南鄲城。九十年代初赴日留學至今，現為立命館大學博士生，主攻日本戰後現代詩，並同時在兩所大學講授中國現代詩歌作品。曾先後在台灣、中國、英國出版詩集《采擷於北方》等。編譯出版有《谷川俊太郎詩選》。在中國國內、美國和日本獲得過詩歌文學獎。

文愛藝：一九六六年三月一日生於湖北省襄樊市。十四歲開始發表文學作品，迄今已出版四十部詩集，總發行量已逾三、六〇〇、〇〇〇冊，創造了當今詩集發行量之最的奇跡，成為當代新詩復興的開拓者，被譽為「用詩創造的可以對話的青春偶像」、「是精神家園中與人共同呼吸的草坪」（詩評家趙國泰語）。他是國內最年輕專業作家，有多部其他文學著作出版。

林　野：本名莊漢東，另有筆名秋鴻、落陌客。十八歲離開江蘇故鄉漂流在外，一直居無定所，並在行走的過程中開始詩歌研習及寫作，迄今已在中國大陸及香港、澳門、台灣等地各種刊物發表詩文四百餘篇（首），一九九三年被香港中華詩社聘為「榮譽社友」，一九九七年創辦《流星詩葉》。二〇〇一年寫作「詩人系列」隨筆。為《芳草》

專欄、《邊地》顧問。

方　群：一九六六年九月生，輔仁大學中文研究所碩士，國立臺灣師範大學國文研究所博士，現任教職。作品曾獲：國軍文藝金像獎、吳濁流文學獎、聯合報文學獎、中央日報文學獎、臺灣省文學獎等。著有新詩集《進化原理》、《文明併發症》，論文集《初唐前期詩歌研究》、《解嚴後臺灣新詩現象析論》。

劉正偉：民國五十六年十二月二日生於苗栗，現居桃園。苗栗農工冷凍科、空中商專會計科、元智大學應中系畢業。現為乾坤詩刊社同仁，台灣現代詩人協會、中國新詩學會會員。曾獲八十九年苗栗縣文學獎新詩佳作、元智文學獎新詩佳作、八十九年鹽分地帶文學獎新詩第二名、台灣日報台中風華現代詩評審獎、九十年苗栗縣文學獎新詩首獎、八十八年度全國優秀青年詩人獎。已出版詩集：《思憶症》。

紫　鵑：本名許維玲。現職父親的化學公司，業餘撰寫廣播劇本。於二〇〇二年獲得優秀青年詩人獎。詩作散見明日報個人網站紫鵑的窩http://mypaperl.ttimes.com.tw/user/WINNEHS/、詩路、喜菡文學家族、老爹文學網站等網路。發表詩作的詩刊有乾坤詩刊、台灣詩學季刊、創世紀詩刊、笠詩刊、雙子星詩刊等。作品曾入選愛情五味、網路詩紀等。

紀小樣：本名紀明宗，一九六八年二月二日生，台灣省彰化縣人。國立台北商專附設空中商專企管科畢業。曾為婚紗人像攝影師；目前從事人像攝影修版工作。曾獲：中央日報新詩獎、聯合報新詩評審獎、全國優秀青年詩人獎、八十八年度詩人獎等。出版有詩集：《十年小樣》、《實驗樂團》、《想像王國》、《天空之海》。

王宗仁：一九七〇年八月生，東吳大學政治系畢業，目前服務於彰化縣文化局，並就讀玄奘大學中國語文研究所。曾獲優秀青年詩人獎、吳濁流文學獎、國軍文藝金像獎、台北縣西洋藝術節新詩獎……等獎項。作品入選《八十九年年度詩選》、《九十年年度詩選》等十數種選集。其他作品散見於各詩刊及各報紙副刊。

徐國能：民國六十二（一九七三）年生於臺北市，東海大學中文系畢業，臺灣師大國文研究所博士班。創作新詩與散文，曾獲中央日報文學獎、時報文學獎等，現為乾坤詩刊社副總編輯。

陳靜瑋：一九七三年生。作品獲選台北公車捷運詩文獎，曾任報社特約採訪、廣告公司特約文案、雜誌社編輯部主任與視覺創意，《愛情五味》一書行銷企劃，現為自由文字工作者。

李雲楓：一九七三年生。主要從事詩歌及美術創作。作品散見海內外報刊雜誌。美術作品曾於香港、日本、澳大利亞等地展出。一九九八年獲日本「北里・王森然研究會」創作獎，一九九九年獲中國藝術博覽會金獎，二〇〇〇年詩作被評為美國《新大陸》詩刊「世紀詩獎」首獎。主要詩作有《空間》系列、《前生》系列、《域》系列、《星系》系列、《招魂》、《人之外》、《囈》等。美術作品有《往生煙痕》系列、《夜》、《噩》、《遺落在樹根深赴的月光》、《銀河》、《域》系列等。

丁威仁：一九七四年十月出生於基隆。淡江大學中文系、中興大學中研所碩士班畢業，現職為逢甲大學中文系兼任講師，並就讀於東海大學中文系博士班三年級，曾獲教育部文藝創作獎新詩組首獎、全國優秀青年詩人獎、全國學生文學獎等，已發表現代與古典文學論文二十餘篇，即將結集出版。已出版詩集「末日新世紀」。

李長青：一九七五年一月生於高雄市，現居台中。曾任出版社與雜誌社編輯、中師詩社社長、中興大學詩文社指導老師。創作觀尚多元創新，詩與散文散見各報刊。入選【一九九八年台灣文學選】（前衛版）、【八十九年詩選】、【九十年詩選】等。曾獲台中縣文學獎、台灣日報現代詩評審獎、台北公車暨捷運詩文獎、全國文藝季散文獎、佛光哲學獎、文建會九二一散文獎、吳濁流文學獎等。

鯨向海：本名林志光，一九七六年生。繼續在無窮盡的網路一角進行詩的秘密修練，作品兼行於平面。個人網站：『偷鯨向海的賊』（http://

mypaper1.ttimes.com.tw/user/eyetoeye/）。得過全國優秀青年詩人獎，教育部文藝創作獎，全國學生文學獎，大專學生文學獎，台北市捷運公車詩徵選首獎。曾經是網路文學雜誌橄欖樹的掛名編輯，目前是《乾坤詩刊》網路詩界的主編。作品入選八十九年年度詩選等。

林怡翠：一九七六年生，台灣大學中文系，現在南華大學文學研究所熬一本關於女詩人的論文。目前擔任《乾坤詩刊》主編。著有小說集《公主與公主的一千零一夜》（麥田），詩集《被月光抓傷的背》（麥田）。

蘇　青：一九七六年生。求變。求簡。求易。行動。蝴蝶。自由。天空。飛。沒有。空。也還要去闖。詩之必要。音樂之必要。畫之必要。沉默之必要。希望變成檸檬。想去希臘去學習海的氣質。怕。怕氛圍不佳不佳的氛圍就說不出話就不知道要說什麼，如果你剛好遇見一個多話的蘇青或一個沉默的蘇青那都是我是蘇青在中央大學中文研究所請多多指教。

楊宗翰：一九七六年十月生，台北人，曾任「植物園」現代詩社社長、《勁報・勁副刊》編輯，現為「台灣文學研究」總編輯。著有學術論述《想像台灣文學史》（2002）、詩合集《畢業紀念冊：植物園六人詩選》（1998）。主編「林燿德佚文選」五書：《新世代星空》、《邊界旅店》、《黑鍵與白鍵》、《將軍的版圖》、《地獄的佈道者》

（2001）、《文學經典與台灣文學》（2002）、並主持個人網站「楊宗翰的詩文學異議空間」（http://fly.to/writer）。

木　焱：一九七六年生，不是網路詩人，是留台（流亡）的馬來西亞詩人。由小說到現代詩，十年的創作經歷，堅持以藝術型態，呈現正義和美的精神。詩作《2》、《旅途》曾在台灣獲獎，並於二〇〇一年出版個人第三本詩集《秘密寫詩》。設有個人網頁《秘園》http://mypaper1.ttimes.com.tw/user/muyan/index.html。

林德俊：一九七七年生。網路暱稱兔牙小熊，優秀青年詩人獎、第一屆「乾坤詩獎」首獎、帝門藝評獎、台北公車詩文獎、全國學生文學獎等獎項得主。論文《台灣網路詩社區的結構模式初探》獲國家文藝基金會獎助。曾主編《乾坤詩刊》、E世代情詩選《愛情五味》及二〇〇一年詩路網路詩選（與須文蔚合編）等。現任現代詩網路聯盟編輯、國語日報「每月詩展」的組稿人。個人網站：兔牙小熊詩磨坊。

林婉瑜：一九七七年十一月二十七日生，射手座A型，台中市人。一九九六年，進入台北醫學院保健營養學系就讀。一九九八年，休學，考入國立台北藝術大學戲劇系，主修劇本創作。二〇〇一年十月，於爾雅出版第一本詩集《索愛練習》。

劉益州：筆名楊寒。台灣省台中縣人，一九七七年十一月生，現就讀於國立東華大學中國語文學系碩士班二年級。二○○二年預計出版詩集《巫師的樂章》、《與詩對望》、《楊寒短詩選》。

楊佳嫻：一九七八年六月十五日生，高雄人。目前就讀台大中文所碩士班，學術興趣為近現代文學與文化。寫詩、散文，但最喜歡閱讀小說；事實上，每首詩也都在意義的皺摺處藏著故事，像長分衩的時間走道上漂浮著的房間，從門縫窺看永遠比身處其中更富趣味。

陳雋弘：一九七九年一月二十六日生，畢業於嘉義師範學院語文教育學系。大三的時候開始寫詩，沒有特別的心情，只有一個人，生活最接近空白的狀態，我相當喜歡，一杯水、透明、零、自己。總是不斷寫字，無意義的，輕微焦慮，嘲笑某些人，想起微不足道這件事，我不足道這件事。我暗自喜歡。目前在明日報擁有一個個人新聞台「貧血的地中海」。

甘子建：筆名子建。一九七九年六月二十五日生於台南縣。得過數個文學獎，作品散見各大報章雜誌上。詩作被選入《愛情五味》、《薔薇不知—台灣情詩選》、台灣詩學季刊《新世代詩人大展》、乾坤詩刊《新秀詩苑》、詩路一九九九年詩選、詩路二○○○年詩選、八十九年詩選、九十年詩選、乾坤詩選、葡萄園四十年詩選。第一本詩集《家鄉魚》已由台南縣文化局出版。此外，也經營一個文學新聞台—被子建拳。

古典詩詞部分　詩人傳略

方子丹：字旨呥，江蘇灌雲人。民前二年十月十六日生，河北大學政經系畢業。曾任行政院簡任參議，參與多任院長密勿。退休後，應聘為輔仁大學教授、文化大學教授、國史館特約纂修。著有《中國歷代詩學通論》，曾獲七十六年中山學術基金會文藝創作獎。所著《禮學價值新論》，即將印行。

趙諒公：江蘇省東台縣人，民前一年九月二十九日出生。國立武漢大學肆業。民國二十二年應國民政府高等文官考試及格。民國三十五年來台，歷任政府財經及外匯貿易管理職務，對國家經濟建設不無貢獻。

廖從雲：字任仁，號梅庵。民國四年（一九一五）十二月生。福建省林森縣人。國立廈門大學法學士。世界藝文學院頒贈榮譽人文博士，列名世界名人錄。歷任中學校長、省府委員、顧問、大學教授。現任春人詩社社長。著有《歷代詞評》、《梅庵吟草》、《梅庵詩詞集》等。

晏天任：一九一七年生於揚州，科舉世家。初預餘杭章氏國學會，繼入武漢大學攻讀經濟。平生治學謹嚴，惟善是從。晚歲再拜沁水賈氏門，深受薰陶，工力益厚。草有《孟荀性辯》、《固有經濟思想》、《雙梅書屋筆記》等。六十歲後，尤耽於歷史文化與人性之研究，曾出版《薑桂堂焚餘集》及楹聯問世，並參與國內外各大學術團體。

宋哲生：江蘇省吳江縣人。一九一八年生。早年從事軍事及外交工作，後轉任教職。英譯詩集Pearls in the shell，在美國出版，介紹中國歷代最著名之絕詩。退休後仍積極參與詩運活動。

龔嘉英：號稼雲，民國九年（一九二〇）十一月十五日，出生於江西省靖安縣。中正大學畢業，高等考試及格。一九五〇年由香港來臺，歷任高中、高職國文教員、中國文化大學等各大專院校副教授、教授、考試院高考典試委員。台灣電力公司顧問。現任中華學術院詩學研究所副所長。著有《詩學述要》，《詩聖杜甫》，暨《景勝樓詩集》。主張古典詩與白話詩可以並存，各從所好。

夏國賢：湖南安化人。民國十年（一九二一年）生。法律系畢業，曾任縣政府秘書、軍法組長、高中教師、大專講師、兼任教授、考試院全國公務員高等考試閱卷委員、中華學術院詩學研究所研究委員、蘭陽書畫家聯誼會理事長。曾獲頒總統寶星獎章、全國特殊優良教師師鐸獎、全國優秀詩人獎。出版著作有：《縱論我國文藝演進歷程》、《黃庭堅詩作技法之研探》、《夏國賢詩書畫集》及《霖園詩草》等。

羅　尚：號戎庵。四川宜賓人。民十二年（一九二三）生。抗日從戎，曾任校級職。來台為公務員，在總統府參議任上，屆年退休。又曾任大華晚報、中外雜誌、中外詩壇古典詩欄主編。三十九年春，在台中清水入鰲西吟社。現為台北瀛社社員。有戎庵選集（正中書局出版）、滄海明珠集（華正書局出版）。

楊仲揆：湖南省漢壽人。民國十二年生。重慶中央政治大學畢業，民國四十一年來台，先後曾任中廣公司節目部主任、海外部主任。兼任文大、輔大、世新等校教職，講授廣播電視等課。退休後，應邀為國立編譯館「四書編審會」委員，又應邀在老人社會大學講授「四書研讀」和「中國趣味文學」兩課。著有《文史趣談》、《中國趣味文學》等書。

張宇屏：派字啟信，別號羽平，筆名野鳥。晚以端居北望樓主稱。生於民國十二（一九二三）年二月十日。祖籍湖北省天門市，現居台北。畢業於國立台灣大學法律學系。海疆流寓，時抱「白髮高堂游子夢，青山老屋故園心」。曾任銓敘部參事。公餘之暇，寄情吟事，自娛生趣外，並樂與人同。特將平時興作，冊名《端居北望樓詩文集注草稿》。業由國立中央圖書館國際圖書交換中心依其規定受理之。

余興漢：一九二四年十二月十二日生，字偉先，筆名淮芳子。湖南平江人。政戰學校政治系一期出身，曾服軍職有年，以陸軍上校退伍後受聘為總統府編纂。酷愛文學，其詩、詞、散文等常發表於台灣各報刊。著有《醉之愛》新詩集、《夢雲詩詞》、《山海盟詩詞》等。其作品的特徵是：用大眾的語言，譜時代之心曲，深受讀者喜愛。

鄧　璧：字種玉，安徽省宿松縣人，民國十四年（一九二五）三月七日生，上校軍職退伍；現任中華民國古典詩研究社理事長、中華詩學研究會理事、紐約四海詩社名譽社長；曾獲教育部八十四年度古典詩類文藝創作獎。著有《征途吟草》、《袖山樓吟稿》等詩集。

江　沛：民國十五年（一九二六）十一月生。湖南平江人。中學階段因逢日寇侵華，學校停課，改讀私塾，歷時六年，對古典詩之創作，實奠基於此。迄大陸情勢逆轉，隨政府來台，旋任公職。在職期間，因業務繁忙，甚少寫作。退休後，參加春人、古典詩社及中華詩學研究所，與詩友共相切磋，獲益不淺。現負責古典詩刊編審，期對宏揚詩教，略盡涓埃。

陳明卿：筆名雪滋。一九二七年生，江西省新建縣人。因受父母愛好詩詞之影響，自幼喜吟詠。少從李曙山、熊炬生、高子仲等諸方家遊。來台後，承好友浦孝華兄於其未婚妻姚兆明女士出國留學前夕，邀同拜謁乃父溥儒大師，呈詩請教，許為可造之才，乃遵其指示，勤溫經史。時在新聞報、大華晚報、自立晚報等詩欄發表詩作。復承蕭繼宗、秦孝儀、楚崧秋先生等指點迷津，得以續圖精進、未嘗稍懈。

王　幻：本名王家文，一九二七年出生於山東省蓬萊縣，國立東北大學中國文學系，美國世界藝術文化學院榮譽文學博士。《桂冠詩刊》及《中國詩刊》創辦人兼任社長。著有詩集《情塚》、《時光之旅》、《秋楓吟》。其他文集《鄭板橋評傳》、《揚州八家畫傳》、《黛眉小傳》、《屈原與離騷》、《盲吟集》、《晚吟樓詩文集》、《戚繼光史話》等多種。

林從龍：一九二八年生，湖南寧鄉人。已離休。中華詩詞學會顧問。《中華詩詞》副主編，中國杜甫研究會副會長，河南詩詞學會會長，河南省文史研究館館員。著有《林從龍詩文集》、《元好問和他的詩》等，與人合編有《唐詩探勝》、《當代詩詞點評》、《古今名聯選評》、《當代絕句三百首》等。傳略被收入美國傳記學會出版的《世界名人錄》等大型辭典。

張國裕：民國十七年（一九二八）二月十二日生於北市。台北市人。師事礪心齋學院林錫麟夫子研習詩書，曾任中華民國傳統詩學會第一、二屆理事兼秘書長，第三、四、五、六、七屆常務理事、副理事長、理事長。現任名譽理事長，天籟吟社社長。

徐世澤：江蘇東台（興化）人，一九二九年三月生。國防醫學院醫學士、公共衛生學碩士，曾赴美、澳、紐等國考察研究。十度代表出席世界詩人大會，足跡遍六十一國。出版中英對照《養生吟》、《詩的五重奏》、《擁抱地球》及《翡翠詩帖》等。曾任醫院副院長、院長、雜誌總編輯等。現任中國詩經研究會秘書長、乾坤詩刊社副社長。

張以仁：一九三〇年生。湖南醴陵人。中央研究院歷史語言研究所研究員、台灣大學教授。著有《花間詞論集》等六種，詩詞一千餘首。

李梅庵：別署匠伯。一九三一年十月六日生。樂山水，遊娛樹石。自幼好道，暇時耽樂八法、丹青、吟詠。曾任天主教基隆聖母醫院院長、廣東同鄉會理事長、潮州同鄉會理事長、天臘書畫會會長。現任夢秋藝園文化館館長、淮海書畫院名譽院長、新神州藝術院高級榮譽顧問、青溪新文藝學會顧問、基隆詩學研究會顧問。獲頒當代書畫名人獎。手編草堂墨跡。拙作入編世界書畫經典、世界名人藝術大典、二十世紀名家詩詞鈔、當代吟壇。

蔡秋金：號醉佛，民國二十二年（一九三三）年出生於鹿港世家。後來至台北經營紡織業。因倪登玉詞老之介紹，加入瀛社，旋復加入高山文社。不久，高山文社改為台北市詩人聯吟會。擔任該會會長已歷三十年矣。曾任中華民國傳統詩學會理事。現為中華學術院詩學研究所委員、紐約四海詩社名譽社長、湖南岳麓詩社顧問等。

范月嬌：一九四〇年生，台灣新竹人。畢業於淡江文理學院、日本立命館大學東洋文學思想研究所。歷任小學教師、大學助教、講師、副教授，現任職淡江大學中文系副教授。著有《黃庭堅研究》、《陳師道及其詩研究》、《三蘇文選校注評析新編》等，休閒時偶賦詩自娛。中華詩學研究所委員、乾坤詩刊社社務委員。

張夢機：民國三十年（一九四一）九月生。祖籍湖南永綏，生於四川成都，長於臺灣高雄。弱冠負笈臺北，淹留至今。北師大國研所畢業，獲國家文學博士。曾任教於中央大學中文系所，擔任該校總務長、校長室主秘、中文系主任、中研所所長等職。獲全省中興文藝古典詩獎及全國中山文藝創作獎。著有《鷗波詩話》、《鯤天吟稿》等書十五種。

林正三：台北縣人，民國三十二年（一九四三）生，近年專攻古典詩文及閩南漢語之聲韻。現任中華學術研究院詩學研究所研究委員，傳統詩學會理事，並擔任各民間社團詩文聲韻講席。九十年獲臺北市府表揚為推展社會教育有功人員。著有《詩學概要》、《閩南語聲韻學》、《古雅之閩南語字詞》、《千字文閩南語音讀》等書。

劉清河：字清和，號笠雲生。民國三十三年（一九四四）八月十三日生。世居台中市。早歲即好古典詩文，先後受業於黃聯章、郭茂松兩夫子。性淡好靜，茹素有年。平時寄情於詩禪之中。詩好閒詠，主性靈、重寫實。以清新、典雅、平淡、自然為寫作目標，並主張以天地為心，以自然為法，以古人為師，作日常修身、治詩之生活理念。目前受聘於財團法人鄭順娘文教公益基金會詩學講座，主講漢詩。

陳文華：廣東梅縣人，民國三十五年（一九四六）十月十八日生。國立臺灣師範大學文學博士。曾任臺灣師範大學國文系教授，現任淡江大學中文系教授。專研中國傳統詩詞，於杜詩及夢窗詞用力尤深。平日亦從事古典詩之創作，於民國八十五年獲頒行政院文化建設委員會第二十一屆國家文藝獎古典詩創作獎。

胡傳安：江西人，一九四九年生。曾任淡江大學、國立台北商業技術學院教授、韓國外國語大學客座教授、教育部文化講座、考試院典試委員、詩學研究所秘書長。現任國立北商學院進修推廣部主任，淡江大學兼任教授，詩學研究所委員，「中華詩學」社副社長。曾獲文復會第十屆中正文化學術論著獎，廿屆語文獎章，教育部文化獎章，八十七年度詩運獎，論著三十餘種，聽竹軒詩數百首。

陳慶煌：一九四九年七月十八日生，臺灣宜蘭人。政大中文所畢業，國家文學博士。淡大中文系專任教授、臺北大學兼任教授、中華學術院詩學研究所秘書長兼副社長。有左盦經學詮論、西廂記的戲曲藝術、蒹葭樓詩論、古典文學縱橫論、新嘗試集、斐聲集、心月樓詩文集等論著數百萬言。其詩文詞曲受成康廬、熊翰叔諸名師之教，又加邃學，天資英發，風神透逸，具有靈氣，能承楚望一脈之延續而昌大之。

黃坤堯：一九五〇年三月生，廣東中山人。臺灣師範大學國文系畢業，香港中文大學哲學博士。現任香港中文大學中文系副教授。著有《舟人旅歌》、《清懷集》、《翠微回望》、《溫庭筠》、《詩歌之審美與結構》、《經典釋文動詞異讀新探》等及詩詞《清懷詩詞稿》、《沙田集》、《清懷詞稿‧和蘇樂府》等。編纂有《大江東去—蘇軾〈念奴嬌〉正格論集》、《劉伯端滄海樓集》、《番禺劉氏三世詩鈔》等。

陳　墨：原名陳聰欣，民國四十四年出生於台灣省嘉義縣中埔鄉。現任筌隆電子五金廠副總經理。雖讀工科，但自幼承父教，業餘酷愛文藝創作，又因多年從事工商旅居異鄉，總有生活上點點滴滴自然遺落在文藝之角。近作《陳墨的皺紋》即將出版，那是飄零異鄉，多少風雨肆虐，多少雪上加霜的情事。

黃鶴仁：字壽峰，臺灣彰化人，一九六一年生。少日嘗隨父旅居花蓮。彰工鑄工科畢業。北上服務，從鄭添益先生學書、周植夫先生學詩，而立之年，又從福州梁乃予先生學印藝，公餘優遊藝文，自得其樂，二〇〇二年創《詩訊》電子報，以發揚詩學為務。

楊維仁：現年三十六歲，畢業於台灣師範大學，現職國民中學教師。曾獲全國大專青年聯吟七言絕句第一名（1990）、教育部文藝創作獎古典組佳作（1998）、第一屆乾坤詩獎古典詩組第二名（1999）、台北市公車暨捷運徵詩五律組首獎（2001）、中華民國傳統詩學會優秀詩人獎（2002），現任天籟吟社副總幹事、乾坤詩刊社特約編輯、「古典詩圃」網站負責人、「網路古典詩詞雅集」版主。

國家圖書館出版品預行編目資料

拼貼的版圖：乾坤詩選（1997-2001）/ 乾坤詩刊編輯委員會編. -- 初版. -- 臺北市：文史哲, 民 91
面： 公分. -- (乾坤叢書;1)
ISBN 957-549-449-0 (平裝)

831.86 91011293

乾坤叢書 ①

拼貼的版圖

乾坤詩選（1997-2001）

編　　者：乾坤詩刊編輯委員會
出版者：文史哲出版社
http://www.lapen.com.tw
登記證字號：行政院新聞局版臺業字五三三七號
發行人：彭正雄
發行所：文史哲出版社
印刷者：文史哲出版社
臺北市羅斯福路一段七十二巷四號
郵政劃撥帳號：一六一八〇一七五
電話 886-2-23511028・傳真 886-2-23965656

實價新臺幣 三二〇元

中華民國九十一年(2002)七月初版

著財權所有・侵權者必究

ISBN 957-549-449-0